Gert Maier

Philosophieren – wie geht das?

GERT MAIER

Philosophieren – wie geht das?

WEGE ZUM SELBSTÄNDIGEN DENKEN

VERLAG JOSEF KNECHT · FRANKFURT AM MAIN

CIP-Titelaufnahme der Deutschen Bibliothek

Maier, Gert:
Philosophieren – wie geht das? : Wege zum selbständigen Denken/
Gert Maier, – 1. Aufl. – Frankfurt am Main: Knecht, 1989
ISBN 3-7820-0593-7

Carolusdruckerei GmbH, Frankfurt am Main
Satz: Fotosatz Völkl, Germering
Druck und Bindung: Druckerei Wagner GmbH, Nördlingen
ISBN 3-7820-0593-7

Inhalt

Für Ursel,
Robert und Astrid

1. Anstatt eines Vorwortes

Liebe Leserin, lieber Leser,
Ihr Interesse an der Philosophie freut mich sehr. Sie wenden sich damit einer Wissenschaft zu, die außerordentlich interessant, vielseitig und spannend ist. Besonders in der jüngeren Vergangenheit ist festzustellen, daß sie wiederentdeckt worden ist und immer mehr Freunde gewinnt.

Aber Vorsicht! So ganz ungefährlich ist die Philosophie nicht!

Sie ist es in vielerlei Hinsicht und aus mehreren Gründen nicht. Und insofern sind Sie auf dem besten Wege, sich in gewisser Weise auf ein Abenteuer einzulassen, zu dem ich Sie allerdings sehr ermutigen möchte.

Die Philosophie ist deshalb nicht ungefährlich, weil die Philosophen die dauernden Frager sind, diejenigen also, die keine Ruhe geben, die ständig nach Antworten auf drängende Fragen suchen und die es nicht nur wissen wollen – das wäre ja noch einigermaßen erträglich –, sondern es sind diejenigen, die es *ganz genau* wissen wollen.

Und das kann allerdings sehr störend und anstrengend sein. Dabei sind es eigentlich recht einfache Fragen, die in der Philosophie gestellt werden; so scheint es zumindest. Es sind vor allem die Fragen, die mit »W« beginnen:

Woher? Wie? Wer? Wozu? Wohin? Warum?

Ich denke, daß uns diese Fragen nicht unbekannt sind. Denken wir doch nur einmal an unsere Kindheit zurück, in der uns genau diese Fragen auf den Nägeln brannten und wir die Erwachsenen entsprechend damit nervten. Oder denken wir an unsere eigenen Kinder, denen Gleiches mit uns gelingt.
Dabei fällt die Hartnäckigkeit auf, mit der Generationen von Kindern diese Fragen stellen.
Oft genug sind wir rat- und hilflos, wenn es heißt: »Du, sag' mal, warum ...?«
Schnell, allzu schnell, sozusagen im Eiltempo werden wir, die wir doch so viel zu wissen meinen, von diesen kindlichen Fragen an unsere Grenzen geführt, werden irgendwie unserer Überlegenheit entblößt. Und sind wir einmal ehrlich: Wer steht schon gerne so da?!
Wenn solche Fragen von Kindern kommen, dann sind wir meistens ziemlich nachsichtig und sehen über diese oft als »dumm« bezeichneten Fragen hinweg.
Was sollen wir auch schon antworten, wenn man von uns wissen will,

- *warum es die Welt gibt;*
- *warum alles einmal sterben muß;*
- *was der Tod ist;*
- *woher die Sterne kommen;*
- *wer alles gemacht hat;*
- *warum wir leben;*
- *warum es das Böse gibt;*
- *was der Mensch ist, und vieles andere mehr.*

Wie gesagt, Kindern sehen wir solche Fragen nach.
Wenn uns aber Erwachsene mit solchen Fragen kommen, dann ist es mit unserer Langmut und Geduld sehr

schnell vorbei. Und es gibt tatsächlich Leute, die solche Fragen aufwerfen: die *Philosophen.*

Ich sagte bereits, die Philosophie sei nicht ganz ungefährlich. Hier haben wir den ersten Grund für diese Feststellung, denn mit den obengenannten und ähnlichen Fragen, die so typisch für die Philosophie sind, kann man sich sehr unbeliebt machen. Sie rütteln auf, sie verlangen, daß man nachdenkt und zweifelt. Sie sind unbequem und können einen um die geliebte Sicherheit bringen. Und das mögen viele Menschen nicht.

Das gilt heute in gleicher Weise wie zum Beispiel vor über 2000 Jahren, als der Philosoph Sokrates genau diese Erfahrung machte.

Er war stets auf der Suche nach der Wahrheit und befragte dementsprechend seine Mitmenschen, die als Fachleute in den jeweiligen Bereichen galten, so daß – wenn überhaupt jemand das konnte – sie zu antworten in der Lage hätten sein müssen. So fragte Sokrates zum Beispiel eines Tages die Feldherrn Laches und Nikias danach, was die Tapferkeit sei. Wer wäre geeigneter, diesen Begriff zu erklären, als zwei so bedeutende Soldaten?

Aber im Verlauf des Gespräches deutet sich schon an, was sich am Ende klar zeigt: Die Feldherrn sind nicht in der Lage, eindeutig zu bestimmen, was Tapferkeit denn nun eigentlich in Wahrheit ist, und sie müssen ihre Unwissenheit eingestehen.

Dies ist nur ein Beispiel von vielen, und Sie können sich leicht vorstellen, daß unser Philosoph sich auf diese Weise viele Feinde machte und bei einer Reihe von Mitbürgern sehr unbeliebt wurde, obwohl es ihm doch einzig und allein darum ging, die Wahrheit aufzuspüren.

Das Ergebnis war, daß er unter einer falschen Anklage und aufgrund eines Meineides, den ein Zeuge ablegte, zum Tode durch den Giftbecher verurteilt wurde. So verlor Sokrates aus scheinbar harmlosen Gründen sein Leben.

Die Philosophie ist weiterhin auch deshalb nicht ungefährlich, weil sie für ihre Freunde Frustration bringen kann, wenn sie immer wieder daran erinnert werden, daß in all den Jahrtausenden, in denen schon philosophiert wird, auf die brennenden Fragen noch keine endgültigen Antworten gefunden worden sind, so intensiv man sich auch darum bemüht hat. Das trifft für keine andere Wissenschaft in vergleichbarer Weise zu. Der Vorwurf der Unergiebigkeit – auch wenn er in Wirklichkeit gar nicht berechtigt ist – schmerzt natürlich. Denn wer nimmt es schon gerne hin, daß *seine* Lieblingswissenschaft, *sein* Fachgebiet dermaßen angegriffen wird?

Damit noch nicht genug. Ein weiteres Gefahrenmoment liegt darin, daß die Philosophie diejenigen, die sich ernsthaft mit ihr befassen, meist so fasziniert, daß sie sie nicht mehr losläßt, sie in ihrer Person verändern und in ihrem Wesen erweitern kann, indem sie mit bis dahin unbekannten Theorien und Lehren bekannt macht, völlig neue Sichtweisen und Horizonte ermöglicht, den Vergleich fördert, Einstellungen zu finden und zu begründen hilft, Bewertungen ermöglicht und die Eigenständigkeit im Denken und Handeln ebenso bildet wie die Kritikfähigkeit.

Schließlich ist die Philosophie auch deshalb nicht ungefährlich, weil sie – und das gilt in unserer Zeit mehr denn je – politisch ist, politisch sein muß. Denn Wissenschaft und Technik haben uns mit Handlungsmöglichkeiten versehen, die es bisher in der Menschheitsgeschichte noch nie gegeben hat. In der Frage ihrer Anwendung aber tritt unvermindert die Wucht der Macht und damit politischer Aspekte auf. Wir brauchen hier nur an die Umweltproblematik zu denken, ein Beispiel aus einer schier unübersehbaren Fülle von Problembereichen.

Eine unpolitische Philosophie können wir uns heute im Interesse der gemeinsamen Existenz aller Lebensformen einfach nicht mehr leisten, die politische Philosophie wird zu einer Verpflichtung!

Liebe Leserin, lieber Leser, ich habe Sie gewarnt!

Wenn Sie trotzdem dabeibleiben möchten (jetzt vielleicht erst recht!), so sind Sie für unseren gemeinsamen Weg um so herzlicher willkommen!

Dieser Versuch einer Antwort auf die Frage »Philosophieren – wie geht das?« soll Ihnen dabei eine Leitlinie und Hilfe sein. Betrachtet man die stattliche Zahl der bereits zur Verfügung stehenden Einführungen in die Philosophie, dann kann man sich tatsächlich die Frage stellen, warum es erforderlich scheint, jetzt noch eine weitere Ausgabe hinzuzufügen.

Dafür gibt es mehrere Gründe. Zunächst einmal hat meine reichhaltige Erfahrung mit Interessenten an der Philosophie gezeigt, daß viele »Einführungen« das Gegenteil von dem erreichen, was sie offenbar beabsichtigen: Sie führen den Interessenten nicht behutsam an die Philosophie heran, sondern schrecken ihn eher ab. Vielleicht haben Sie selbst auch schon eine solche Erfahrung gemacht.

Das liegt zum Teil an der für einen Anfänger oft sehr schwer oder gar nicht zu verstehenden Sprache, die häufig mit Fachausdrücken gespickt ist; zum Teil liegt es an der fachlichen Überforderung des Interessenten, der meist den Eindruck gewinnt, er müsse schon über größere Kenntnisse verfügen, um überhaupt »mithalten« zu können. Die Frage dabei ist: Woher soll er sie haben? Sie will er ja erst erwerben!

Das ungewollte Ergebnis ist dann häufig, daß man aufgrund solcher Einführungen die Finger von der Thematik läßt, weil man sich überfordert fühlt, noch ehe es richtig losgegangen ist.

Hier sehe ich den Sinn und Zweck des vorliegenden Buches. Es soll gezeigt werden, daß Philosophie nicht nur etwas für sogenannte »Insider« ist, für »erlauchte Kreise«, sondern daß jeder denkende und fragende Mensch sich gewinnbringend mit dieser faszinierenden Wissenschaft beschäftigen kann. Ich möchte den Leser ermutigen, ihn im wahrsten Sinne des Wortes *einladen,* den erlebnisreichen und spannenden Weg mit einzuschlagen.

Aus den genannten Gründen habe ich im Text weitgehend auf Fachbegriffe verzichtet. Um jedoch auch hier eine Hilfe mit Blick auf die zukünftige Beschäftigung mit der Philosophie zu geben, sind in dem *Glossar* am Ende des Buches solche Fachbegriffe erläutert, so daß Sie, liebe Leser, im Verlauf der Erörterungen deren Bedeutung zunehmend selbständiger erkennen und ihre Verwendung verstehen und sich aneignen können. Das vorliegende Buch unterscheidet sich auch dadurch von den meisten anderen Einführungen, daß es *nicht* im Sinne einer Philosophiegeschichte aufgebaut ist und, bei den alten Griechen oder noch früher beginnend, der Reihe nach die unterschiedlichen Epochen bis in die Gegenwart behandelt.

Vielmehr sind bestimmte für die Philosophie typische Themenbereiche ausgewählt und in ihrer Bedeutung und Konsequenz erörtert, so daß Sie, liebe Leserin und lieber Leser, erkennen können – und dies oft im direkten Vergleich –, wie unterschiedlich oft die einzelnen Philosophen verschiedener Epochen die Fragen und Probleme angegangen sind, nach Antworten gesucht und diese begründet haben. Sie werden auf diese Weise ganz unterschiedliche Lehren und Theorien zu bestimmten Sachverhalten kennenlernen.

Wir werden feststellen, daß uns auf unserem gemeinsamen Weg die im Grunde immer gleichgebliebenen Fragen begegnen. Doch jedesmal zeigen sie sich uns in einem anderen Gewand. Wenn wir ihnen aber genauer ins Gesicht schauen, werden wir feststellen, daß es sich um gute alte Bekannte handelt.

Ich hoffe, mit der gewählten Methode diejenige Lebendigkeit und Leichtigkeit erzielt zu haben, die zur weiteren Beschäftigung mit der Philosophie anregt.

Daß die hier vorgestellten philosophischen Problembereiche und Theorien stellvertretende Funktion haben, keinen Anspruch auf Vollständigkeit erheben können und von der Auswahl des Autors abhängen, dürfte klar sein. Aber diese Auswahl ist aus der Absicht und dem Bemühen heraus erfolgt, Ihnen als Leser einen möglichst interessanten Überblick zu bieten, so daß Sie philosophisches Denken und Argumentieren verstehen, nachvollziehen und zu eigenen Antworten finden können. Dies zu ermöglichen und Ihnen dazu einen Anreiz zu bieten, ist eine Hauptabsicht dieser »Wege zum selbständigen Denken«.

Ich wünsche Ihnen viel Vergnügen und interessante Stunden.

Weeze, im März 1989 Ihr

Gert Maier

2. Ursprung und Wesen der Philosophie

Nun sind wir zwar schon ein kleines Stückchen in Richtung »Philosophie« gegangen, aber es steht natürlich noch immer die Antwort auf die Fragen aus:

Was ist Philosophie? Was ist das für eine Wissenschaft, auf die ich mich da einlasse?

Und damit fangen die Probleme auch schon an, denn diese Fragen sind gar nicht so ohne weiteres und schon gar nicht kurz und bündig zu beantworten. Die Angelegenheit gestaltet sich schwierig! Ob dies als ein Nachteil zu betrachten ist, werden wir noch sehen.

Zunächst soll das Wort erläutert werden, das aus dem Griechischen kommt und sich aus den beiden Teilen

philos = der Freund
sophia = die Weisheit, das Wissen

zusammensetzt. Demnach ist Philosophie als die Liebe zum Wissen und der Philosoph als Freund des Wissens und der Weisheit zu verstehen. Dabei muß betont werden, daß der Philosoph dieses Wissen nicht schon *besitzt,* sondern sich vielmehr darum *bemüht!*

Aber sehr viel gibt diese sprachliche Betrachtung nicht her, und die gestellte Frage ist damit noch nicht einmal im Ansatz beantwortet.

Um einer Antwort näher zu kommen und dabei die Furcht des Anfängers vor Überforderung abzubauen, möchte ich zunächst einmal den umgekehrten Weg gehen und erläutern, was Philosophie nach meinem Verständnis *nicht ausschließlich* ist. Und zwar ist sie nach meiner Ansicht nicht ausschließlich, ja noch nicht einmal vorrangig dasjenige, was in zahllosen Büchern von intelligenten Denkern niedergeschrieben worden ist. Sie ist auch nicht ausschließlich das, was an Hochschulen und sonstigen Bildungseinrichtungen betrieben wird. Zwar finden wir in beiden wesentliche Züge der Philosophie, die es ohne diese Denker und Wissenschaftler gar nicht gäbe, aber es ist noch nicht das, was die gesamte Philosophie ausmacht.

Würde man sie *nur* und *ausschließlich* so verstehen, dann wäre die Mehrheit der Menschen zwangsläufig von der Philosophie ausgeschlossen, und sie wäre ein Gebiet für »Insider«. Das aber ist sie mit Sicherheit nicht! Vielmehr ist die Philosophie getragen von wissenschaftlichen Wesensmerkmalen *und* dem direkten, unmittelbaren Bezug zum pulsierenden Leben, zur Wirklichkeit des Menschen, seinem Alltag und seinen Problemen, seinem Fragen und Denken. Ohne diese Merkmale wäre sie wohl kaum für so viele so lebendig und spannend.

Daß es so schwierig ist zu erläutern, was Philosophie ist, liegt also nicht daran, daß sie zu theoretisch, zu abstrakt ist oder daß der normale Mensch sie nicht verstehen kann, sondern das hat Gründe, die nun zumindest im Ansatz erkennbar geworden sein dürften. Denn wenn die Philosophie so lebensnah ist, wie gesagt wurde, dann muß das Gebiet, mit dem sie sich beschäftigt, auch entsprechend weit gefaßt sein. In der Tat gibt es kaum einen Bereich in unserem Leben, der nicht Gegenstand der Philosophie ist oder sein könnte.

Der Gegenstands- und Aufgabenbereich der Philosophie ist demzufolge ungeheuer umfangreich, viel weiter gefaßt, als dies in jeder anderen Wissenschaft der Fall ist.

Für jeden, der sich mit Biologie, Physik oder Chemie, mit Mathematik oder Geographie beschäftigen möchte, ist – zumindest in groben Zügen – klar, worum es in der jeweiligen Wissenschaft geht. Anders, ganz anders bei der Philosophie! Und wir müssen schon weit, sehr weit in der Menschheitsgeschichte zurückgehen, um der Antwort auf unsere Frage, was Philosophie ist, auf die Spur zu kommen.

Die Philosophie ist eine der ältesten, vielleicht sogar *die* älteste Wissenschaft überhaupt. Das kann deshalb mit Berechtigung gesagt werden, weil man sich in der Philosophie mit Fragen beschäftigt, die *untrennbar* mit dem Menschen verknüpft sind, mit seinem Leben und der Bewältigung seiner Lebenssituation.

Demzufolge gibt es Philosophie schon so lange, wie es Menschen gibt, die sprechen und denken können. Vor ca. 1 Million Jahren trat der Urmensch auf den Plan, und vor ca. 100 000 Jahren breitete sich die heutige Menschenform über die Alte Welt aus. In den Zeitraum dazwischen, nämlich vor ungefähr 250 000 Jahren, fallen Ursprung und Entwicklung der menschlichen Sprache in ihren Urformen. Man kann dieses wichtige Stadium deshalb auf etwa diesen Zeitraum eingrenzen, weil die Entstehung der menschlichen Sprache, d. h. die Möglichkeit zur Formulierung und Anwendung von artikulierten, gewollten Lauten, ein entwicklungsgeschichtlich überprüfbarer Sachverhalt ist. Untersuchungen (z. B. von Prof. Dr. Deacon in den USA) an Schädeln haben ergeben, daß die Affen, ebenso wie die Urmenschen, aufgrund der Formung ihres Rachenraumes gleichzeitig schlucken/trinken *und* atmen können, ohne daß dies zu Schwierigkeiten (Verschlucken) führt. Der Sitz des Kehlkopfes fördert diese Fähigkeit. Den gleichen Sachverhalt finden wir, sozusagen noch als Überbleibsel der Primatenphase, bei menschlichen Säuglingen in den allerersten Wochen ihres Lebens. Danach ändert sich dies.

Aufgrund dieser Formung des Rachenraumes ist es aber weder den Affen möglich noch waren die Urmenschen dazu in der Lage, eben jene wohlgeformten, unterscheidbaren Laute gewollt hervorzubringen. Erst die Evolution (allmähliche Entwicklung) führte vor etwa 250 000 Jahren dazu, daß die Fähigkeit des gleichzeitigen Trinkens und Atmens durch eine entscheidende Veränderung in der Ausbildung des Rachenraumes verlorenging. Der naturbedingte Tausch, den die Menschen machten, war jedoch gar nicht schlecht, denn nun erwarben sie den Vorzug, das »Kunststück« des Sprechens vollbringen zu können. Zwar war es noch ein sehr weiter Weg bis zur vollendeten, wohlklingenden und zusammenhängenden Sprache, aber der so wichtige biologische Grundstein war gelegt.

Um eine ungefähre Ahnung von dem äußerst langwierigen und komplizierten Prozeß der sprachlichen Entwicklung zu erhalten und ihren Ablauf einmal sehr vereinfacht darzustellen, wollen wir uns zwei unserer Urvorfahren denken, von denen einer auf eine bestimmte Pflanze zeigte und dabei die Laute »Baum« formte (selbstverständlich gab es zur damaligen Zeit weder dieses Wort noch dürfen wir uns den Prozeß genauso vorstellen, aber für den Kern der hier zur Diskussion stehenden Sachlage sei diese Vereinfachung erlaubt). Nach einer gewissen Anzahl von Wiederholungen merkte sein Gegenüber allmählich nicht nur, *daß* mit diesen Lauten etwas Bestimmtes gemeint war, sondern er bekam auch heraus, *was* gemeint war. So konnte er auch, wenn er an dieselbe Pflanze dachte, eben jene Laute »Baum« formen – und siehe da: Der andere wußte, was er meinte. Eine tolle Sache!

Nun brauchte sich dies durchaus nicht nur im Freien abzuspielen, wo man auf Bäume zeigen konnte, wo sie also konkret vorhanden waren. Vielmehr funktionierte das gleiche auch beispielsweise tief im Inneren der Höhle, die man gemeinsam bewohnte. Sobald einer von beiden »Baum« sagte, hatte der andere »Gesprächspartner« ein Bild dieser Pflanze sozusagen vor seinem inneren Auge.

Das gleiche konnte natürlich auch mit anderen Dingen geschehen. Voraussetzung war dabei jedoch immer, daß man eine gemeinsame Bezeichnung, einen Namen für das jeweilige Ding hatte. So konnte man mit Hilfe dieser Bezeichnungen (Wörter) über Dinge »sprechen«, die im Moment überhaupt nicht vorhanden waren. Man konnte also von den konkreten Gegebenheiten absehen. Das bezeichnet man mit dem Fremdwort »abstrahieren«.

Der Mensch hatte einen ungeheuer wichtigen Schritt in Richtung des Denkens getan, denn abstrahieren zu können ist dafür eine Grundvoraussetzung. Deshalb ist die Fähigkeit zur Abstraktion auch ein grundlegendes Merkmal, das den Menschen vom Tier unterscheidet.

Kehren wir zu unseren beiden Freunden in die Urzeit zurück. Es ist nicht schwer, sich das Aufblitzen des Verstehens in ihren Augen vorzustellen, als sie bemerkten, wozu sie nun in der Lage waren. Der Grundstein der menschlichen Sprache war gelegt; einer Sprache, die sich so unvergleichlich von dem Zirpen und Fiepen, Zwitschern und Brummen in der Tierwelt und deren intelligentesten Vertretern unterscheidet.

Natürlich gibt es auch hier – wie beim Menschen – Intelligenz. Ich möchte sie einmal in Anlehnung an Max Scheler[1] »praktische Intelligenz« nennen. Denn sie ist

---

[1] Vgl. M. Scheler, *Die Stellung des Menschen im Kosmos,* München, 1978.

immer auf die Befriedigung eines Reizes bezogen, der momentan bestehen muß. Versuche haben gezeigt, daß Affen durchaus in der Lage sind, vorbereitete Stöcke zusammenzustecken und etwa Bananen von der Decke zu holen. Eine erstaunliche Leistung, die eben jene praktische Intelligenz wie auch den genannten Reiz (Hunger) erfordert. Aber eine Affenmutter wird nie in der Lage sein, ihrem Jungen Gleiches beizubringen, *ohne* es ihm vorzumachen, also *ohne* die konkrete Situation. Sie kann nicht mit Hilfe von Sprache/Lauten ihre Erfahrung weitergeben. Der Grund ist klar: Sie kann nicht abstrahieren, sie *hat* keine Sprache!

Der Mensch aber besitzt nicht nur die Fähigkeit dazu, sondern er hat sie weiterentwickelt und unglaublich verfeinert in einem System von Symbolen und Regeln (bis hin zur Schrift). Hier dürfte auch deutlich werden, welche enorme Leistung das Kind vollbringt, das in kürzester Zeit die Sprache erlernt und dann damit umgehen kann. Geben wir nun unseren Vorfahren ruhig einige Jahrtausende der Entwicklung, so können wir wahrscheinlich die Anfänge des eigentlichen Denkens auf den Zeitraum vor etwa 200000 Jahren legen.

Seit dieser Zeit dürfte der Mensch bemüht sein, die Dinge um sich herum zu verstehen, zu erklären und sich Fragen über ihren Ursprung und Zusammenhang zu stellen. Aber es gab noch keinerlei Kenntnisse, auf denen man hätte aufbauen können, erst recht keine Forschung und Wissenschaft. So war es nicht verwunderlich, daß man den Ablauf der Naturereignisse und später überhaupt alles, was geschah, irgendwelchen Überwesen zuschrieb, die alles verursachten und geschehen ließen. Diese »Erklärungsversuche« waren erfunden, erdichtet, waren also mythisch.

Wir können kaum abschätzen, was Menschen denken, wenn sie es nicht äußern. Um so schwieriger wird es, wenn ihnen die Mittel fehlten, das festzuhalten, worüber sie sprachen. Was dachten die ersten Menschen?

Zu Anfang beherrschten Unwissenheit und Furcht die Menschen. Weil sie die Zusammenhänge nicht kannten, fürchteten sie fast alles, was sich bewegte, und ihr Denken war zunächst auf das Übernatürliche gerichtet:
Wer ließ die Erde beben?
Wer machte es donnern?
Wer ließ es regnen?

Um eine Art Erklärung für natürliche Vorgänge zu haben, erfand der Mensch die Götter:
den Gott des Regens,
den Gott des Feuers,
den Gott der Sonne,
der Fruchtbarkeit
usw.

Einige aber begannen, ihren Verstand zu benutzen, um logische Erklärungen zu finden: die »Denker«.

Dieses in obigem Cartoon scherzhaft »Entdecken der Philosophie« genannte und für die Menschheit so bedeutungsvolle Ereignis erfolgte in Wirklichkeit natürlich in einem mühsamen und sehr langwierigen Entwicklungsprozeß, in dessen Verlauf der Mensch immer mehr lernte, seine Intelligenz, seinen Verstand zu benutzen. Dabei wurde er sich auch immer mehr seiner eigenen Existenz bewußt und der Umstände und Probleme, die mit dieser Existenz verbunden sind.

Es ist, obwohl logisch, doch eigenartig, daß wir an

den wichtigsten Entscheidungen unseres Seins, nämlich an der über unsere Geburt überhaupt nicht und an der über unseren Tod nur in seltenen Fällen selbst beteiligt sein können. Niemand konnte uns fragen, ob wir überhaupt existieren wollen. Wir sind, als einzelne wie auch als Gattung, in dieses Leben gestellt, hineingeworfen, wie der deutsche Philosoph Heidegger dies nennt, und müssen versuchen, dieses Leben zu meistern, es »in den Griff zu bekommen«. Das heißt, daß allmählich die Fragen nicht mehr nur auf äußere Dinge und Sachverhalte gerichtet waren, sondern daß der Mensch seine eigene Existenz, sich selbst also, zum Gegenstand seines Fragens und Denkens machte. Man nennt dies in der Philosophie: Er begann zu reflektieren.

Damit stehen wir bereits mitten in den typisch philosophischen Fragen, von denen wir einige schon zu Beginn erwähnt hatten. Diese philosophischen Fragen sind, wenn wir es genau betrachten, in letzter Konsequenz immer auf uns selbst als denkende, fragende und handelnde Menschen bezogen. Es ist unser Schicksal, daß wir ihnen nicht ausweichen können, auch wenn wir es versuchen. Wir mögen sie vielleicht eine Zeitlang verdrängen, aber sie kommen wieder – mit Sicherheit! Diese Fragen lassen sich nicht totschweigen. Das eigene Leben, seinen Tod und die Problematik der Sinnfrage zum Gegenstand des Denkens zu machen, ist eine Bürde, aber auch ein Vorzug, den wir Menschen vor allen anderen Lebewesen haben.

Gehen wir nun aber einmal von der Grundsituation des Menschen aus, dann zeigen sich deutlich zwei Wesensmerkmale, die uns eigen sind:

Ängstlichkeit und
Neugierde.

Wir haben bereits erfahren, daß der Mensch seit jeher um Erklärungen für die physikalischen und nichtphysikalischen Fragen bemüht ist. Er will wissen, warum dieses *so* und jenes *anders* ist.

Aber nun ist das mit den Erklärungen so eine Sache. Einerseits streben wir gerade in unserem Wissen ein sehr hohes Maß an Sicherheit und Dauerhaftigkeit an. Denn Erklärungen, die, kurz nachdem sie gefunden worden sind, gleich wieder revidiert werden müssen, weil sie schon überholt sind, können ihre Aufgabe und ihren Zweck nicht erfüllen. Denn nur möglichst dauerhafte Erklärungen vermögen uns zu beruhigen und zufriedenzustellen.

Genau diese Sicherheit zu erlangen ist *ein* Bemühen in der Philosophie.

Sicherheit ist erforderlich und angestrebt, denn in der Regel vermag dasjenige, was wir kennengelernt haben, was uns vertraut geworden ist und um dessen Zustandekommen und Hintergründe wir wissen, uns nicht mehr zu ängstigen. Denken wir doch hierbei einmal an die vielen für uns unerklärlichen Dinge während unserer Kindheit, die uns in Angst und Schrecken versetzten, bis wir irgendwann Erklärungen fanden oder erhielten und unsere Angst verloren. Ein vergleichbarer Sachverhalt liegt hier vor.

Andererseits aber wissen wir, daß Erklärungen, besonders im Bereich der Wissenschaften, durchaus nicht von zeitloser Dauer und Gültigkeit sind und auch nicht sein *können,* sondern daß sie häufig korrigiert und erweitert werden müssen, je nach dem gültigen Kenntnisstand. Dann treten veränderte oder gar neue Erklärungen und Thesen an die Stelle der bisherigen. Nur so ist überhaupt wissenschaftlicher Fortschritt möglich!

Wir befinden uns also im wahrsten philosophischen

Sinne stets auf der Suche nach Wissen, nach Erkenntnis, nach Wahrheit. Das ist unser Schicksal als fragende Menschen. Wir erinnern uns: Der Philosoph ist der Freund des Wissens. Hier erkennen wir, wie natürlich und menschentypisch diese Aussage ist.

Nun sprachen wir aber auch noch davon, daß der Mensch ein neugieriges Wesen ist. Dies ist eine Eigenschaft, die durchaus nicht, wie das im Alltag so häufig geschieht, negativ zu bewerten ist. Ganz im Gegenteil! Ich halte Neugierde nicht nur für ein Recht, sondern für einen ganz unermeßlichen Vorzug des Menschen! Denn neugierig zu sein bedeutet, sich mit dem Gegebenen nicht zu begnügen, über die Dinge nachzudenken, sie in Frage zu stellen und nach Antworten zu suchen. So wäre z. B. ohne die Neugierde keinerlei Forschung und Wissenschaft möglich – erst recht keine Philosophie! Ein Wissenschaftler oder Forscher, der aufgehört hat, neugierig zu sein, hat mit demselben Augenblick den Anspruch verloren, als Wissenschaftler oder Forscher zu gelten. Wissenschaft, ein Merkmal menschlicher Aktivität, ist ohne Neugierde nicht möglich!

Nun könnte man jedoch die Ansicht vertreten, daß die angestrebte und so wichtige Sicherheit im Wissen und die vorhandene Neugierde durch die Natur- oder Einzelwissenschaften und deren Ergebnisse erreicht bzw. zufriedengestellt wird. Aber das wäre nur zum Teil richtig, denn die Einzelwissenschaften befassen sich naturgemäß immer nur mit einem ganz bestimmten und ziemlich eng begrenzten Gebiet, das den Gegenstand ihres Forschens ausmacht. Zwar sind häufig angrenzende Fachbereiche mitbetroffen, aber dies ändert nichts am grundsätzlichen Sachverhalt.

Ich möchte dies am folgenden Beispiel verdeutlichen:

Den *Biologen* interessiert im Rahmen seines Fachgebietes sehr wohl, aus wie vielen Knochen das menschliche Skelett besteht, wie lang die Nervenbahnen sind oder wie der Delphin seine Jungen zur Welt bringt.

Für den *Physiker* sind diese Fragen innerhalb *seines* Fachbereiches unerheblich. Ihm ist es dagegen wichtig, zu wissen, wie hoch beispielsweise die Belastbarkeit eines bestimmten Materials unter gewissen äußeren Bedingungen ist, das für den Bau eines Hochhauses verwendet werden soll. Ebenso kann für ihn von Bedeutung sein, herauszufinden, wie stark die Magnetfelder an bestimmten Punkten der Erde sind.

Von beiden hier genannten Einzelwissenschaften, die stellvertretend für alle anderen stehen sollen, können diese und entsprechende Fragen jetzt oder sicherlich in Zukunft beantwortet werden.

An diesem Beispiel können wir uns den wesentlichen Unterschied zur Philosophie klarmachen: Im Gegensatz zu dem Biologen geht es dem Philosophen nicht darum, zu wissen, aus wie vielen Einzelknochen das menschliche Skelett besteht, auch nicht darum, die Stärke der Magnetfelder an gewissen Punkten der Erde zu ermitteln.

Er fragt vielmehr, warum es den Menschen überhaupt gibt, was seine Besonderheiten sind, wie es um den Sinn des menschlichen Lebens bestellt ist.

Er ist mit der Frage beschäftigt, warum es die Welt und das Universum gibt und warum nicht statt dessen einfach *nichts* existiert.

Er ist auch bemüht, herauszufinden, welche Kraft, welcher mögliche Urheber hinter alledem steht und ob es einen Sinn im gesamten Sein gibt und, falls ja, welchen. Damit nähert sich der Philosoph der Frage nach Gott ebenso wie der danach, was Wirklichkeit und Wahrheit sind, er befaßt sich mit der Problematik des Todes, der Unsterblichkeit und (das ist für das praktische Zusammenleben der Menschen wichtig) der Moral, der Frage ihrer Verbindlichkeit und ihrer Normen. Wer sagt und legt fest, was moralisch richtig oder falsch ist? Wie kann es möglich sein, daß in unterschiedlichen Kulturkreisen und zu unterschiedlichen Zeiten so verschiedene, oft sogar gegensätzliche moralische Richtlinien (Normen) bestehen?

Besonders in der heutigen Zeit, in der die Menschheit einer Problematik gegenübergestellt ist, die noch niemals in der Geschichte da war und in der die Kluft zwischen dem wissenschaftlich Machbaren und dem moralisch Vertretbaren immer klarer und größer wird, erhalten solche Fragen zunehmende Bedeutung. Müssen wir uns vielleicht zur Sicherung der weiteren Existenz eine Selbstbeschränkung auferlegen? Ich denke, dies ist eine Frage sowohl von Gegenwart als auch von Zukunft! Denken wir hier doch nur an die Möglichkeiten der Gentechnologie, Lebewesen gezielt und nach Menschenwille und -vorstellung züchten und die »Zufälligkeit« der Natur ausschalten zu können. Ich bin überzeugt, daß die Versuchung des Machens und Könnens so groß sein wird, daß keine Gewähr besteht, daß hier vor dem Menschen haltgemacht wird. Wir Menschen treten als selbsternannte »Verbesserer« der Natur, der Schöpfung Gottes auf. Wir wollen das Gottgewollte nach unserer Vorstellung und Maßgabe verändern. Welch eine ungeheure Anmaßung, welch ein Eingriff in Natur und Schöpfung!

Oder denken wir an die entsetzlichen Möglichkeiten und Gefahren im militärischen Bereich, in der Energie- und Umweltproblematik oder an die Probleme im medizinischen Bereich. Hier ist die Philosophie gefordert! Nicht, um moralisierend und besserwisserisch den Zeigefinger zu erheben, sondern um in scharfer Auseinandersetzung mit der Problematik ein Instrumentarium für unser Leben zu schaffen, um Begriffe wie Verantwortung, Bescheidung, Achtung und Leben in ihrer ganzen Bedeutung und mit allen Konsequenzen klarzumachen, für deren Verwirklichung aus Einsicht heraus zu sorgen, ja auch, um denen, die die Macht im Großen haben, sozusagen »etwas an die Hand zu geben«, das ihnen als Orientierungshilfe in ihrem Tun dienen kann.

Spätestens hier dürfte klargeworden sein, daß die Philosophie *nicht* wie die Einzelwissenschaften thematisch begrenzt ist, sondern auf das Ganze gerichtet ist, auf die Gesamtheit dessen, was überhaupt ist, auf Ursachen, Zusammenhänge und letzte Begründungen.

Wenn wir von Philosophie sprechen, dann müssen wir uns darüber im klaren sein, daß weder der Begriff noch die Tätigkeit des Philosophierens auf eine bestimmte Kultur, auf einen zeitlich oder räumlich begrenzten Bereich festgelegt werden können. Was z. B. die alten Ägypter vor mehr als 6000 Jahren betrieben, war ebenso Philosophie wie das entsprechende Denken der Asiaten, Römer und Griechen oder unsere geistige Betätigung im 20. Jahrhundert. Allen gemeinsam ist die Suche nach Wahrheit, nach Wissen und Erkenntnis, nach Antworten auf die brennenden Fragen, die Teil unseres Schicksals als Menschen sind und die sich noch immer ohne Antwort vor uns auftürmen.

Die Philosophie gilt – und das ist besonders für den Anfänger wichtig zu wissen – im gleichen Maße für die ganz großen Belange weltbewegenden Geschehens wie auch für den sogenannten kleinen Gültigkeitsbereich des persönlichen Lebens! Daher hüte man sich vor der völlig unphilosophischen und falschen Ansicht, nur das Große zähle zur Philosophie! Wir alle, jeder einzelne von uns, haben uns in unserem Leben mit Sicherheit irgendwann einmal Fragen philosophischer Art gestellt und damit auch schon zumindest angefangen zu philosophieren. Zwar meist noch unbewußt und in der Regel unsystematisch, aber immerhin – es ist der Anfang, und wir sollten den Mut haben, diesen begonnenen Weg gemeinsam fortzusetzen.

Wir sprachen von den Einzelwissenschaften einerseits und der Philosophie andererseits und wiesen auf deren sehr unterschiedliche Aufgaben, Gegenstandsbereiche und Interessen hin. Trotzdem muß jedoch auf die sehr enge dynamische Wechselwirkung zwischen beiden hingewiesen werden, die in der Menschheitsgeschichte immer wieder deutlich feststellbar ist. Ein sehr eindrucksvoller Beleg hierfür ist z. B. die Zerstörung des mittelalterlichen Weltbildes durch die Entdeckung des Astronomen Nikolaus Kopernikus (1473–1543). Hier wird der Zusammenhang zwischen Naturwissenschaft und Philosophie wie auch der Theologie sehr deutlich.

Man glaubte fest daran, daß sich die Sonne um die Erde drehe, die als Hauptteil der göttlichen Schöpfung galt. Das Wichtigste hatte nach damaliger Vorstellung seinen Platz ruhend in der Mitte, während sich das andere, weniger Wichtige, darum herum drehte. So ergab sich ganz selbstverständlich, daß die Sonne sich um die Erde drehen *mußte!* Ein Sachverhalt, der ja außerdem täglich zu beobachten war. Die Sonne ging im Osten auf, bewegte sich offensichtlich über den Horizont und ging im Westen unter, um am nächsten Morgen im Osten wieder aufzugehen. *Sie* war es doch, die sich bewegte, und kein vernünftig denkender, schon gar kein gläubiger Mensch konnte hieran zweifeln. Außer einigen »unverbesserlichen Querulanten«, wie Kopernikus, Kepler, Galilei und anderen. Wir kennen die Gefahr, der diese Leute sich aussetzten. Sie riskierten, als Ketzer ihr

Leben zu verlieren. So wurde die Lehre des Kopernikus als falsch, irreführend und vor allem als ketzerisch bekämpft. Sie stellte das gesamte gewohnte Weltbild und damit auch die gültige Lehre in zerstörerischer Weise auf den Kopf. Das war gleichbedeutend mit Aufruhr, mit geistiger Revolution!

Als Kopernikus jedoch erwiesenermaßen recht behielt, hatte sich nicht nur die Stellung der Erde im Mittelpunkt als falsch erwiesen, sondern damit verlor auch der Mensch, den sie beherbergte, seine zentrale Stellung und Bedeutung.

Es ist demzufolge nicht verwunderlich, daß der Mensch nach Möglichkeiten suchte, genau diese zentrale Bedeutung wiederzuerlangen, die er durch die astronomischen Erkenntnisse meinte verloren zu haben. Das gelang ihm auch, und zwar zum einen, indem er im Bereich der Naturwissenschaften nach den Möglichkeiten und den Grundsätzen *seines* Denkens erfolgreich arbeitete und eigentlich so zum Maßstab wurde. Zum anderen, indem er sich auf sich selbst als Individuum, als denkendes Subjekt besann. Insbesondere diese Erkenntnis wurde von dem französischen Philosophen DESCARTES (1596–1650) formuliert, indem er als Grundthese seiner Philosophie aufstellte: »Ich denke, also bin ich.«[1] Später ging der Philosoph AUGUSTE COMTE (1798–1857) diesen gedanklichen Weg weiter, indem er den Menschen in drei Entwicklungsstadien hineingestellt sah, deren letztes und höchstes das des kritischen und wissenschaftlichen Denkens ist.[2] Damit rückte nun der Mensch auch in den Mittelpunkt des philosophischen Denkens.

---

[1] Vgl. DESCARTES, R., *Abhandlung über die Methode,* Meiner, Hamburg, 1957.

[2] Vgl. COMTE, A. *Die Soziologie.* Die positive Philosophie im Auszug, Hrsg. F. Blaschke, Kröner, Stuttgart, 1974, S. 1–6.

Solche Verschiebungen hinsichtlich des Schwerpunktes im Denken hat es in der Geschichte der Philosophie mehrfach gegeben:

Antike	*Mittelalter*	*Neuzeit*	*Gegenwart*	*Zukunft*
Kosmische Ordnung	Gott	Mensch	Ideologien	?

3. Vier große Bereiche in der Philosophie

Um uns nun den Themenbereichen der Philosophie zu nähern, können wir uns sehr gut an dem deutschen Philosophen Immanuel Kant (1724–1804) orientieren, der diese in Form von vier Fragen zum Ausdruck brachte, die gleichzeitig die vier großen Bereiche, die Grunddisziplinen der Philosophie verdeutlichen:[1]

1. *Was kann ich wissen?*
2. *Was soll ich tun?*
3. *Was darf ich hoffen?*
4. *Was ist der Mensch?*

Wir wollen diese vier Fragen der Reihe nach genauer betrachten.

Die erste Frage zielt darauf ab, was wir mit unserem Verstand überhaupt zu leisten in der Lage sind. Hier geht es darum, festzustellen, welches das Material ist, mit dem unser Verstand arbeitet, woher wir es haben, warum wir überhaupt nach Erkenntnis und Wissen streben, wie es mit der Zuverlässigkeit unserer sinnlichen Wahrnehmung bestellt ist, was Wirklichkeit und Wahrheit sind, ob und, falls ja, unter welchen Bedingungen wir berechtigt etwas über nichtphysikalische Sachver-

[1] Vgl. Immanuel Kant, *Vorlesungen zur Logik,* Akademieausgabe IX, de Gruyter, Berlin, 1968, S. 25.

halte aussagen können wie z. B. über die Seele, die Unsterblichkeit oder Gott. Die Disziplin, in der diese Problematik erörtert wird, ist die *Erkenntnislehre* oder *Erkenntnistheorie.*

Die zweite Frage ist in ethischer Hinsicht zu verstehen. Hier geht es um Klärung dessen, was überhaupt Moral ist, woher ihre Maßstäbe (Normen) kommen, wie es möglich sein kann, daß sie so unterschiedlich sind, wie es um deren Begründung, Verbindlichkeit und Stichhaltigkeit steht.

Auch die Frage nach »gut« und »böse« wird hier ebenso erörtert wie die, ob der Mensch einen freien Willen hat oder von Zufall, Schicksal, Erbfaktoren usw. geleitet wird und damit vorherbestimmt ist. Daraus ergibt sich natürlich auch die Frage nach Verantwortung im kleinen persönlichen Bereich wie auch im Großen (Verantwortung für zukünftige Generationen). Diese Disziplin ist die *Ethik.*

Die dritte Frage Kants ist auf das ausgerichtet, was wir Menschen hoffen dürfen. Wir alle wissen, daß die Hoffnung für unser Leben außerordentlich bedeutungsvoll ist und daß Menschen in bestimmten Situationen ihres Lebens nur durch die Hoffnung wieder aufgerichtet werden. Sie ist untrennbar mit unserem Leben, unserer gesamten Existenz verbunden und reicht auch über das irdische Leben hinaus in Fragen der Todesproblematik, des Danach und des Sinns des Lebens. Die Disziplin, die sich mit diesen Problemen auseinandersetzt, ist die *Existenzphilosophie.*

Die vierte und letzte Frage Kants zielt auf die *philosophische Anthropologie,* die sich mit dem Menschen in philosophischer Hinsicht befaßt.

Das Wort »Anthropologie« kommt aus dem Griechischen und besteht aus den beiden Elementen:

anthropos = der Mensch
logos = Wissen, Lehre.

Es handelt sich in dieser Disziplin also um das Wissen, die Lehre vom Menschen. Daß die genauere Bezeichnung »philosophisch« hinzugefügt ist, zeigt, daß es auch andere Anthropologien gibt, wie etwa die biologisch-medizinische, die psychologische, die soziologische oder die theologische, um nur einige zu nennen.

Die philosophische Anthropologie hat den Menschen zum Gegenstand und seine Stellung innerhalb der Welt. Sie befaßt sich mit der Frage, worin das Besondere seines Wesens besteht, woraus die Rechtmäßigkeit (Legitimation) seines Herrschaftsanspruches innerhalb der Gesamtschöpfung abgeleitet werden kann, ob er zu Recht besteht und welche Pflichten hieraus entstehen. Hier wird die Nähe zur Ethik deutlich, wie auch insgesamt keine philosophische Disziplin separat für sich steht, sondern immer übergreifend und im Zusammenhang mit den anderen zu verstehen ist.

Es geht aber auch um die Einmaligkeit der menschlichen Sprache (wir haben deren Bedeutung schon ansatzweise kennengelernt) mit all ihren Konsequenzen. Auch die Frage, wie es möglich wurde, daß der Mensch in der so kurzen Zeit seiner Existenz auf unserem Planeten zu so gewaltigen Leistungen in der Lage ist, gehört in diesen Bereich. Dabei ist es zunächst einmal im hier vorliegenden Zusammenhang bedeutungslos, ob diese Leistungen zum Guten oder zum Schlechten genutzt werden.

Wir haben schon darauf hingewiesen, daß die hier kurz vorgestellten Bereiche lediglich vier *Grund*-Disziplinen der Philosophie darstellen. Darüber hinaus gibt es noch weitere, von denen die folgende Abbildung einen Überblick vermitteln soll:

Philosophie

Erkenntnistheorie	*Werttheorie*	*Existenzphilosophie*	*Philosophische Anthropologie*
– Wissenschaftstheorie	– Allgemeine Wertlehre	– Metaphysik	– Kulturphilosophie
– Logik	– Ethik	– Religionsphilosophie	– Sprachphilosophie
	– Moral	– Sinnfrage	– Rechtsphilosophie
			– Staatsphilosophie
			– Geschichtsphilosophie
			– Ideologiekritik

4. Das Staunen und der Zweifel als Anstöße zum Philosophieren

Bei einer solchen Fülle an Themenbereichen und Problemstellungen fragen Anfänger in der Philosophie immer wieder ängstlich-besorgt, was diese Wissenschaft denn schon alles voraussetzt, damit man sich überhaupt mit ihr beschäftigen kann. Sie stellen diese Frage deshalb ängstlich-besorgt, weil sie befürchten, daß sie den Anforderungen nicht gewachsen sein könnten.

Dabei ist die Tatsache, daß man über keinerlei Fachkenntnisse verfügt, überhaupt kein Hinderungsgrund und braucht die Freude an der philosophischen Betätigung in keiner Weise zu beeinträchtigen! Denn die Antwort auf die oben gestellte Frage ist so kurz wie einfach, daß man sie meistens wiederholen muß. Sie lautet schlicht: Nichts!

Die Beschäftigung mit der Philosophie setzt keinerlei Fachkenntnisse voraus. Das einzige, was erforderlich ist – und das ist allerdings unentbehrlich –, sind Verstand, die Bereitschaft zum Denken und Erfahrung. Gerade über letztere verfügen wir schließlich alle aufgrund unseres bisherigen Lebens. Sie ist auch besonders wichtig und macht die ganze Angelegenheit so interessant und lebendig. Von dieser unserer Erfahrung gehen wir in unserem alltäglichen Leben aus, und sie macht es uns möglich, daß wir uns in der Welt, die uns im Laufe der Zeit vertraut geworden ist, auskennen und in vielem fast »blind« zurechtfinden.

Der Philosoph MARTIN HEIDEGGER (1889–1976) hat diesen Zustand sehr treffend als das IN-DER-WELT-SEIN des Menschen bezeichnet. Dieses IN-DER-WELT-SEIN und das sich darin Zurechtfinden sind so lange unproblematisch, bis wir durch irgendwelche Ereignisse sozusagen aus der Bahn geworfen und verunsichert werden. In solchen *Grenzsituationen,*[1] in denen wir an die Grenze unseres Vermögens geführt werden, verliert die Welt für uns ihre Vertrautheit und büßen wir unsere bisherige (vermeintliche) Sicherheit ein. Wir sind irritiert und wissen nicht weiter. Alles ist uns plötzlich fraglich geworden, wir beginnen zu suchen, kurz: wir fangen an zu philosophieren.

So kann dieses Fraglichwerden, das Verunsichertwerden zwei Gründe haben, die auch gleichzeitig die beiden Anstöße zum Philosophieren sind:

das *Staunen* und den *Zweifel.*

Beide können sich sowohl auf das Große der Schöpfung, auf die Gesamtheit und die großen Fragen des Weltgeschehens beziehen als auch auf den kleinen, ganz persönlichen Lebensbereich, wie wir ja mittlerweile erfahren haben. Um mit dem Staunen im Großen zu beginnen, lassen Sie uns einmal über die Entstehung des Universums, der Planeten und der Erde, der Galaxien und Sonnensysteme nachdenken. Hier sind wir mittlerweile so weit, daß als gesicherte Erkenntnis gelten kann, daß einmal sämtliche Materie in einer einzigen Masse zusammengeballt war, ehe sie mit unvorstellbarer Kraft und aus einem uns noch unbekannten Grund im sogenannten *Urknall* explodiert ist und sich in alle Richtungen zu bewegen begann.

---

[1] Vgl. KARL JASPERS, *Einführung in die Philosophie,* Piper, München, 20. Aufl. 1980, S. 18.

Diese Explosion war so gewaltig, daß noch heute unzählige Himmelskörper auseinanderdriften, bewegt von der damaligen Explosionskraft. Auf diese Weise entstand eine Unzahl von Sternen, Planeten, Spiralnebeln und Galaxien. Mit unseren gewohnten Zahlen und Maßeinheiten stehen wir den Dimensionen des Universums ziemlich hilflos gegenüber, und sie sind in keiner Weise geeignet, diese Dimensionen auch nur annähernd zu fassen. Es fällt uns ja schon schwer, von der Zahl »1 Milliarde« eine genaue Vorstellung zu haben. Gehen wir deshalb des besseren Verständnisses wegen zunächst einmal auf die Zahl »eintausend« zurück, die uns allen sehr vertraut und durchaus anschaulich ist. Schreiben wir diese Zahl 1000 in der Länge von 1 cm einmal hin. Wir wissen, daß die Zahl »1 Million« 1000mal den Wert von 1000 besitzt. Das heißt genaugenommen, wir müssen 1000mal die 1 cm lange Zahl 1000 hinschreiben, um eine Vorstellung vom Wert einer Million zu bekommen. Das entspricht einer Strecke von 1000 cm = 10 m.

Wesentlich einfacher ist es natürlich, wenn wir – und das sind wir ja gewohnt – an die Zahl 1000 drei Nullen anhängen. Nur: einen Begriff von der damit bezeichneten Menge erhalten wir dadurch wohl kaum.

Für die Zahl »1 Milliarde« müssen wir nun eine Million Male die Zahl 1000 hinschreiben, denn die 1000 ist eine Million Male in der Milliarde enthalten. Das entspricht einer Strecke von 1 000 000 cm = 10 km! Stellen wir uns das einmal vor: Eine Strecke von 10 km, die mit winzigen, 1 cm langen Tausendern beschrieben ist! Vielleicht hilft uns diese Vorstellung, zumindest eine ungefähre Ahnung davon zu erhalten, wieviel 1 Milliarde ist.

250 Milliarden (etwa die Größenordnung eines Staatshaushalts) würde bedeuten, daß man eine Strecke von 2500 km mit winzigen, aneinandergereihten Tausendern

beschriftet. Das entspricht in etwa der Entfernung Marseille–Istanbul oder Paris–Moskau.

Kehren wir von diesem Ausflug in die Welt der Zahlen und Mengen zurück zu den bereits angesprochenen Spiralnebeln und Galaxien. Von ihnen gibt es Aber- und Abermilliarden! Wir müssen also ehrlicherweise zugeben, daß wir diese Mengen und Dimensionen auch dann nicht wirklich mit unserem Verstand erfassen können, wenn wir uns bis an den äußersten Rand unseres Denkvermögens quälen. Aber genau diese Ausmaße entsprechen den Ausdehnungen im Universum.

Es wäre nun ein Zeichen besonderer Hilflosigkeit, wollte man bei solchen Dimensionen und Entfernungen in Kilometern rechnen. Wir müssen also auf den größten Maßstab wechseln, den wir überhaupt kennen. Und das ist die Lichtgeschwindigkeit. Sie ist einerseits eine Angabe der Geschwindigkeit des Lichtes, andererseits aber auch gleichzeitig eine Maßeinheit zur Benennung und Berechnung von Entfernungen. Die Lichtgeschwindigkeit ist die größte Geschwindigkeit, die in der Natur vorkommt. Ein Lichtstrahl legt in einer Sekunde 300 000 km zurück (etwa siebenmal um die Erde).

Die auf Seite 41 abgebildete Galaxie, die noch zu den *Nachbar*-Galaxien unseres Planetensystems gehört, der sogenannte Andromedanebel, besteht aus rund 50 Milliarden Sternen und ist etwa 3 Millionen Lichtjahre von unserer Erde entfernt. Das heißt, ein Lichtstrahl mit der Geschwindigkeit von 300 000 km pro Sekunde benötigt etwa 3 Millionen Jahre, um von dort zu uns zu gelangen! Und das nennt man noch »Nachbarschaft« zur Erde!

Hoimar von Ditfurth führt in seinem Buch »Kinder des Weltalls« das folgende Gedankenexperiment an: Sticht man mit einer Stecknadel in das Bild dieses Andromedanebels (am Rande), dann hat das entstandene Löch-

Andromedanebel

lein einen Durchmesser, der in der tatsächlichen Größe der Galaxie so groß wäre, daß ein Lichtstrahl mit der Geschwindigkeit von 300000 km pro Sekunde etwa 700 Jahre benötigen würde, um von dem einen Rand des Löchleins zum anderen zu gelangen! Durch das Ausstanzen des Löchleins würden wir in der Galaxie rund 1 Million Sterne und Sonnen zerstören, von denen mit größter Wahrscheinlichkeit etwa 50000 über eigene Planetensysteme verfügen und einige hundert vermutlich Lebensformen – welcher Art auch immer – haben dürften.

Vor diesem Hintergrund geht »... das heute so verbreitete Gerede von der Eroberung des Weltraumes [durch den Menschen, der Verfasser] nicht mehr über die Zunge«.[1] Aus dem obigen Beispiel wird aber noch etwas anderes deutlich. Aufgrund der ungeheuren Entfernungen, für die selbst Lichtstrahlen Millionen und Abermillionen von Jahren benötigen, sehen wir heute Sterne, die in der Wirklichkeit schon vor vielen Tausenden von Jahren explodiert sind und gar nicht mehr existieren. Nur ihr Licht ist noch unterwegs zu uns, und wenn wir auf solch einem Lichtstrahl dem Stern entgegenflögen, dann wäre an dessen Ende nichts, weil der Stern schon lange nicht mehr besteht.

Es fällt schwer, sich das in aller Konsequenz vorzustellen, aber es ist die Wirklichkeit. Wir haben vom Sternenhimmel niemals ein Bild der Gegenwart, können niemals sagen, wie er tatsächlich aussieht, sondern wir haben immer nur ein Bild von der Vergangenheit. Auch das möchte ich an einem Beispiel verdeutlichen: Im Jahre 1054 nach Christus wurde auf der Erde eine Sternexplosion (eine sog. Supernova) beobachtet. In Wirklichkeit

[1] HOIMAR VON DITFURTH, *Kinder des Weltalls,* dtv, München 1984, S. 36.

aber fand diese Explosion nicht zu dem Zeitpunkt statt, als man sie auf der Erde sah, sondern, wie genauere Berechnungen zeigten, schon etwa 3000 Jahre vor Christi Geburt. Die Entfernung des Sternes zur Erde betrug also ca. 4000 Lichtjahre; denn das war die Zeit, die das Licht der Explosion benötigte, um zur Erde zu gelangen. Ich denke, daß wohl jeder angesichts solcher Dimensionen und Sachverhalte ins Staunen kommt und Fragen stellt, wie wir sie eingangs bereits angesprochen haben.

Aber auch wenn wir uns auf unseren Planeten Erde beschränken, haben wir Grund genug zum Staunen. Das Alter der Erde wird auf ca. 10 Milliarden Jahre geschätzt. Um diesen Zeitraum und die Evolution, die in dieser Zeit stattgefunden hat, zu verdeutlichen, sind im folgenden diese 10 Milliarden Jahre auf ein Kalenderjahr übertragen worden. Dabei ergibt sich folgendes Bild:

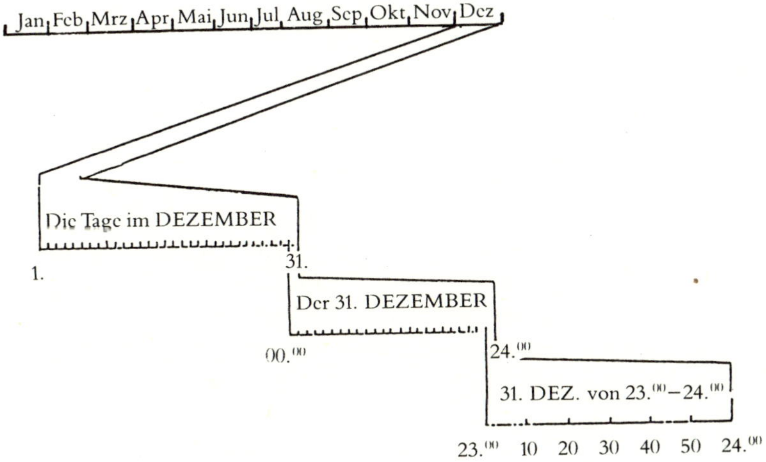

1. Januar	Unser Planet entsteht, seine Oberfläche erkaltet und wird hart.
11. September	Es gibt mit Sicherheit erstes Leben auf der Erde.
10. Dezember	Alle Tierstämme, mit Ausnahme der Wirbeltiere, sind vorhanden.
15. Dezember	Es gibt die ersten Urfische.
24. Dezember	Die ersten Säugetiere spalten sich von der Reptilienklasse ab.
28. Dezember	Primitive Halbaffen existieren.
30. Dezember vormittags	Die ersten Menschenaffen leben in Afrika.
31. Dezember 23.00 Uhr	Der erste Urmensch existiert.
31. Dezember 23.55 Uhr	In der letzten Eiszeit breitet sich die heutige Menschenform über die antike Welt aus.
31. Dezember 23.59 und 54 Sekunden	Das Christentum nimmt seinen Anfang.[1].

Beim zweiten Anlaß zum Philosophieren, dem Zweifel, kann man verschiedene Arten unterscheiden, wie etwa den naturwissenschaftlichen, den juristischen, den methodischen oder den philosophischen. Uns geht es ausschließlich um letzteren, der grundsätzlich auf sämtliche Themenbereiche der Philosophie bezogen werden kann. Hierzu gehören unter anderen: Tod, Gott, Sinn des Le-

[1] Vgl. EUGEN RUCKER, *Der Mensch in Zahlen,* München, 1969, S. 92 f.

bens, Gerechtigkeit, Beständigkeit von (moralischen) Werten ...

Bevor wir uns allerdings einige Beispiele vor Augen führen, ist festzustellen, daß die Tätigkeit des Zweifelns immer mit einem Mangel oder Defizit zusammenhängt. Denn zu zweifeln bedeutet, zu einem gegebenen und als Tatsache angenommenen Sachverhalt oder zu einer Ansicht eine kritische oder verneinende Haltung einzunehmen, wobei häufig, aber nicht notwendigerweise, eine Alternative als reine *Möglichkeit* unbewiesener Art in die Überlegung eingebracht wird.

Zweifeln ist somit niemals gleichzusetzen mit Wissen, denn wenn ich etwas sicher weiß, dann ist der Zweifel unsinnig. Ziel des Zweifels ist wohl in aller Regel, eine zuverlässigere Erkenntnis zu gewinnen als die bisherige. Und das wiederum ist typisch für das philosophische Bemühen. Häufig geht der Anlaß des Zweifelns einher mit einem Ereignis, das uns aus unserer gewohnten Sicherheit reißt und zu Irritation führt.

Ich erinnere mich sehr gut an einen ausgesprochen tragischen Fall, als ein zehnjähriges Kind zu Grabe getragen wurde. Schon häufiger hatten wir Bekanntschaft mit dem Tod in der Form gemacht, daß wir Angehörige, Nachbarn oder Freunde beerdigt hatten. Jedoch war in all den Fällen stets der Tod als etwas mehr oder weniger Normales akzeptiert worden, da die Betroffenen ausnahmslos im fortgeschrittenen Alter waren. Nun aber war etwas geschehen, das als widernatürlich und besonders tragisch und traurig empfunden wurde. Konnte es wirklich der Sinn eines so kurzen Kinderlebens sein, so jäh zu enden? Worin lag überhaupt der Sinn dieses Lebens? Wäre es ein langes und erfülltes gewesen, dann hätte man diese Frage möglicherweise noch beantworten können. Aber so? »Wenn es einen Gott gibt«, so fragte sich mancher, »wie kann er wollen, daß ein so junges Leben beendet wird? Oder gibt es am Ende gar keinen Gott, und wir stehen als Menschen alleine da; verlassen?« Zweifel, die tiefgreifend sind, die an den Fundamenten des Glaubens, des Lebens und der Überzeugungen rütteln. Tragische Zweifel.

Ein anderes Beispiel bezieht sich auf die Frage nach der Entstehung und Entwicklung der Welt und des Universums. Die Ansicht, das alles sei durch einen unerklärlichen Zufall entstanden und werde durch eine Aneinanderreihung weiterer Zufälle in Gang gehalten, ist nicht neu, und nach einer Anekdote über Gottfried Wilhelm Leibniz wurde auch er mit dieser Meinung konfrontiert. Leibniz, ein tief religiös denkender Philosoph, soll einen Moment überlegt und dann folgendes geantwortet haben: »Stellen wir uns vor, wir hätten sämtliche Einzelteile einer Taschenuhr, jedes für sich, in einer Schachtel und schüttelten diese so lange, bis sich durch Zufall jedes Teilchen genau an seinem Platz befände, jedes Schräubchen angezogen sei und die Uhr funktioniere. Halten Sie das für wahrscheinlich?« Ein Lachen und verneinendes Kopfschütteln waren die Antwort: »Nun«, soll Leibniz weiter gefragt haben, »und bei der viel komplizierteren, unvergleichlich komplizierteren Welt einschließlich ihrer Lebewesen und der Menschen halten Sie dies für möglich?«

Noch ein letztes Beispiel möchte ich zu bedenken geben. Unser Zeitalter ist in die Philosophiegeschichte als das der Ideologien eingegangen, denen bei aller Unterschiedlichkeit eines gemeinsam ist: die Vorstellung und das Hinarbeiten auf einen idealen Endzustand. Schauen wir uns aber in der heutigen Welt um, dann können berechtigte Zweifel daran aufkommen, ob die Ideologien in der Lage sind oder sein werden, das zu leisten und einzulösen, was sie verkünden.

Staunenswertes wie Zweifelhervorrufendes gibt es genug in dieser Welt und in unserem Leben. Sachverhalte und Erfahrungen, die Fragen aufwerfen und somit Anlässe zum Philosophieren darstellen.

Trotz aller Problematik und trotz allen Vertrauens in die Philosophie dürfen wir jedoch eines *nicht* von ihr erwarten, nämlich fertige Musterlösungen. Antworten, die man sich bei Bedarf schnell abholen kann wie ein Kopfschmerzmittel. Würde man das von der Philosophie erwarten, dann hätte man den Sinn und die Absicht, aber auch den Gewinn der Philosophie nicht verstanden und wäre in einem solchen Fall sicherlich enttäuscht. Es widerspräche geradezu den Zielen der Philosophie, die genannten Musterlösungen bereitzuhalten. Denn schließlich geht es bei ihr entscheidend um den direkten, unmittelbaren Lebensbezug, der verknüpft sein soll mit einer gesicherten theoretisch-wissenschaftlichen Grundlage.

Was wir aber sehr wohl erwarten dürfen, ist, das Philosophieren selbst zu erlernen, die Fähigkeit, uns mit Problemen und Fragen in gleicher Weise wie mit den Antworten kritisch und vor allem selbständig und somit erkenntnisfördernd auseinanderzusetzen. Dabei gelten unsere Bemühungen dem Auffinden *eigener* Antworten, wobei wir – unseren wachsenden Kenntnissen entsprechend – auf dem Hintergrund philosophischer Theorien arbeiten sollten. Bei diesem ganzen Unternehmen ist die Selbständigkeit besonders wichtig, und gerade deshalb ist die Philosophie so hervorragend geeignet, uns in unserer Bestimmung als denkende und fragende Wesen weiterzubringen.

Nun wird dem Anfänger in der Philosophie schon sehr bald auffallen, daß die bisher gefundenen Antworten (die alle noch nicht endgültig sind) durchaus nicht alle in dieselbe Richtung gehen. Sie sind oft sogar einander völlig entgegengesetzt! Das ist auf keinen Fall ein Mangel, wie man auf den ersten Blick annehmen könnte, sondern hier zeigt sich das ausgesprochen breite Spektrum der Möglichkeiten in der Philosophie, und gerade dieser Sachverhalt macht die Diskussion so außerordentlich lebendig. Wir wollen auch im folgenden von den gegensätzlichen und daher lebendigen Diskussionsstoff liefernden Positionen in den unterschiedlichen Disziplinen ausgehen.

5. Probleme von Erkenntnis und Wahrheit

Da es nicht die Absicht dieses Buches ist, philosophiegeschichtlich in der Reihenfolge einzelner aufeinanderfolgender Epochen und Philosophen vorzugehen, sondern vielmehr das Anliegen im Vordergrund steht, den Leser für die Philosophie, ihre Fragen, Probleme und bereits vorliegenden Lösungsversuche zu interessieren, scheint es am sinnvollsten, mit eben diesen Problemen zu beginnen.

Die ersten Erörterungen sollen den Fragen nach Ursprung, Möglichkeiten und Grenzen menschlichen Denkens gelten. Hierzu gehören sowohl Überlegungen darüber, was Erkenntnis ist, Erscheinen, Wahrheit und Wirklichkeit, als auch darüber, woher wir das Material haben, mit dem sich unser Geist ständig beschäftigt. Damit sind wir im Bereich der *Erkenntnistheorie,* die auch *Erkenntnislehre* genannt wird.

Hier zeigt sich nun etwas sehr Merkwürdiges und außerordentlich Wichtiges, das uns Menschen so selbstverständlich erscheint, daß wir es in der Regel als gegeben hinnehmen, ohne uns viele Gedanken darüber zu machen. Aber es ist einmalig, und keine anderen Lebewesen auf der Erde sind dazu fähig! Es geht darum, über das nachzudenken, was wir *»Denken«* nennen.

Wir können über alles mögliche nachdenken, es zum Gegenstand unserer geistigen Betätigung machen. Aber wir können auch unser Denken selbst zum Objekt unseres Denkens machen und darüber »reflektieren«, wie man dies in der Philosophie nennt. Über das Denken nachdenken können: das ist mehr, weit mehr als nur ein Wortspiel! Denn es bedeutet, daß wir über die Grundsätze, das Zustandekommen und die Ergebnisse unseres eigenen Denkens nachdenken können, daß wir also uns selbst zum Gegenstand unserer Überlegungen machen können.

Ein Tier ist in seinem (nennen wir es ruhig einmal so) »Denken« zwangsläufig und natürlicherweise immer auf ein Etwas gerichtet, auf ein Objekt, das außerhalb seiner selbst besteht, das immer ein »anderes« ist, nie das Tier selbst! Deshalb hat das »Denken« des Tieres immer die Struktur:

$$T \rightarrow 0$$

Man könnte gewissermaßen sagen, das Tier denkt, ohne zu wissen, daß es denkt.

Anders, entscheidend anders ist es beim Menschen! Wir können das einmalige und wunderbare Kunststück vollbringen, neben Objekten und Sachverhalten außerhalb unserer selbst auch über uns selber (und unser Denken) nachzudenken! Die Struktur *unseres* Denkens sieht demzufolge so aus:

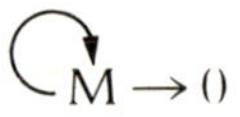

Hieraus geht deutlich hervor, daß das Tier im Gegensatz zum Menschen kein Bewußtsein von sich selbst, also kein *Ich* kennen kann. Damit soll es mit dem Vergleich Mensch–Tier zum Zweck des besseren Verständnisses genug sein, und wir wenden uns nun ausschließlich dem Menschen zu.

Wenn wir schon über unser Denken nachdenken, dann kommen wir nicht umhin, festzustellen, daß wir ausschließlich in Bildern oder Symbolen denken. Vor unserem sogenannten »inneren Auge« läuft ständig ein Film ab, ob wir wollen oder nicht. Und wenn jemand von »Wilhelm« spricht, dann sehen wir eine Person dieses Namens (vielleicht einen Freund oder Nachbarn) ebenso vor uns wie etwa den Dom oder einen bestimmten Stadtteil, wenn der Name »Köln« fällt. Diese gedanklichen Zuordnungen (Assoziationen) sind selbstverständlich unterschiedlich, aber sie sind vorhanden; bei jedem von uns! Sie sind deshalb vorhanden, weil wir in dem, was wir Wirklichkeit nennen, die jeweiligen Dinge mit unseren Sinnen wahrgenommen und Bilder von ihnen gewonnen haben.

Nun haben wir ja bereits ganz zu Beginn dieses Buches darauf hingewiesen, daß die Philosophen die ständigen, die notorischen Frager sind. Und so tritt nun die philosophische Frage auf, wie zuverlässig denn eigentlich unsere sinnliche Wahrnehmung ist, was sie uns denn von der tatsächlichen Wirklichkeit zeigt und zuführt. Ja, es erhebt sich sogar die Frage, *was* denn Wirklichkeit und Wahrheit sind und ob wir sie überhaupt erkennen können. Was müssen wir möglicherweise tun, um ihnen auf die Spur zu kommen?

Schauen wir uns doch einmal die folgenden Abbildungen an, von denen uns vielleicht einige schon bekannt sind. Bedingung ist, daß wir sie betrachten, ohne in irgendeiner Weise kritisch über sie nachzudenken:

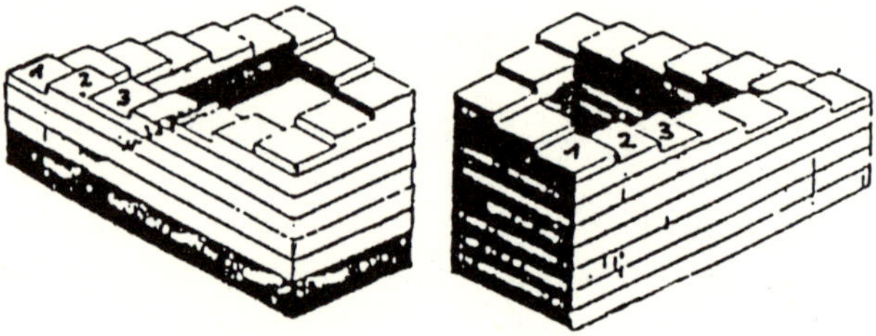

Eine Treppe, die endlos nach oben (links) bzw. nach unten (rechts) führt?

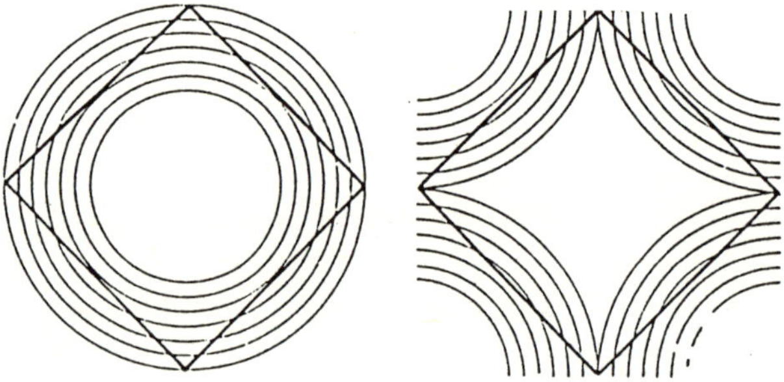

Sind die Seiten der beiden Quadrate gerade oder gekrümmt?

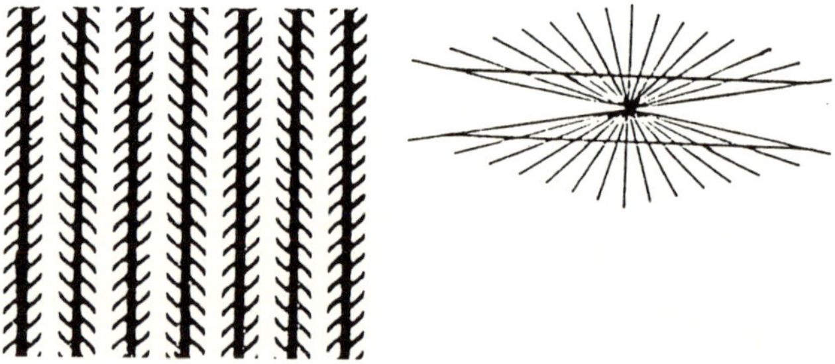

Sind die Geraden parallel? (Betrachten Sie sie einmal in ganz flachem Blickwinkel von der Blattkante her!)

Pokal oder zwei menschliche Profile?

Wir stellen fest: Ohne darüber nachzudenken, ohne sie kritisch zu betrachten, fallen wir auf die optischen Täuschungen herein, erkennen wir sie vielleicht gar nicht als solche, sondern nehmen das für wahr, was unsere Augen uns zeigen. Das aber bedeutet, daß wir uns nicht bloß auf unsere Sinne verlassen dürfen, weil sie uns offenbar täuschen können! Täuschen heißt, daß sie uns nicht die Wahrheit zeigen! Sollte die Wahrheit also etwa gar nicht mit den Sinnen erfaßbar sein? Wir nehmen etwas mit den Augen, den Ohren, dem Tastsinn wahr. Das heißt, wir *nehmen* es für wahr, aber *ist* es das auch? Wie wir gesehen haben, nicht unbedingt! Also ist es mit der Zuverlässigkeit unserer sinnlichen Wahrnehmung wohl doch nicht so weit her.

Davon abgesehen können sich materielle, physische, zusammengesetzte und damit sinnlich wahrnehmbare Dinge äußerlich verändern, können uns unter anderen Bedingungen anders erscheinen als zu einem gewissen Zeitpunkt. Wir Menschen suchen aber in unseren Bemühungen um Erklärungen gerade nach dem, was unveränderlich und dauerhaft ist, was von allen zufälligen Erscheinungsformen unabhängig ist und uns die erstrebte Gewißheit und Sicherheit geben kann.

Ein Baum ist ebenso ein Baum, wenn er im Frühling in voller Blüte steht, wie im Winter, wenn er kahl in den Himmel ragt. Und beide Male sieht er in der Tat sehr unterschiedlich aus. Eine Eiche wiederum unterscheidet sich von einer Tanne erheblich und beide von einer Birke oder einer Trauerweide. Trotzdem bezeichnen wir alle als »Baum«. So muß es doch wohl etwas geben, das so sehr zu dem Begiff und dem Ding »Baum« gehört, daß es unabhängig ist von allen zufälligen Äußerlichkeiten, etwas, das sozusagen den »Kern«, das Wesen oder (wie es in der Philosophie genannt wird) die *Essenz* des Baumes ausmacht.

Dasselbe Problem und dieselben Fragen treten natürlich auch bei anderen Dingen auf, von denen wir hier als Beispiel den Tisch wählen wollen. Hören oder lesen wir dieses Wort, dann denkt jeder von uns an das, was wir als Tisch verstehen. Dabei kommt dem einen ein runder Couchtisch in den Sinn, ein anderer denkt an einen massiven Küchentisch, an einen nierenförmigen, hohen, niedrigen, an einen aus Holz oder Glas usw. Wohl in keinem einzigen Fall dürften die Vorstellungen auch nur von zwei Personen völlig gleich, völlig identisch sein. Selbst wenn wir einen ganz bestimmten Tisch vor uns hinstellen und ihn genau betrachten, haben wir erhebliche Schwierigkeiten zu sagen, wie er *genau* ist, was also seine Essenz ist.

Hat er wirklich eine so glatte, polierte Oberfläche, wie wir sie mit unserer Hand erfühlen? Nun, dann betrachten wir sie doch einmal durch ein Mikroskop. Welch eine Kraterlandschaft steht dann auf einmal vor uns – alles andere als eine glatte Ebene! Und wie sieht es mit der Farbe aus? Bei Tageslicht scheint das Braun anders als bei Kerzenlicht. Und in der Dunkelheit hat er überhaupt keine Farbe. Welches aber ist die wirkliche Oberflächenbeschaffenheit, welches die wirkliche Farbe oder Form?[1] Ich denke, wir kennen auch alle die Situation, daß wir uns ein Kleidungsstück kaufen und aus dem künstlichen Licht des Geschäftes heraustreten ans Tageslicht, um die »wirkliche« Farbe zu ermitteln und zu begutachten. Hat der Rock nun tatsächlich den Grünschimmer oder nicht? Und warum, so können wir weiter fragen, ist die Farbe bei Tageslicht »wirklicher« als die im Neonlicht des Geschäftes? (Zumindest meinen und erwarten wir dies ja.)

Wir sehen: Fragen über Fragen – schon bei den scheinbar selbstverständlichsten Dingen.

Eines scheint mittlerweile ganz deutlich zu sein: Auf unsere sinnliche Wahrnehmung sollten wir uns nicht so sehr verlassen, ganz gleich, ob es sich um Sehen, Hören oder Fühlen (Tasten) handelt. Denn wir können Täuschungen grundsätzlich nicht ausschließen. Wenn aber Täuschungen möglich sind, dann kann auf diesem Wege auf keinen Fall das *wahre Sein* einer Sache erkannt werden.

Kehren wir noch einmal zu unserem Tisch zurück,

---

[1] Vgl. hierzu: BERTRAND RUSSELL, *Probleme der Philosophie,* Suhrkamp, Band 207, Frankfurt/Main, 1976.

und fragen wir uns: Wie kommen wir eigentlich zu unserer Vorstellung dieses Gegenstandes?

Versuchen wir uns vorzustellen, daß ein Mensch in seinem Leben den ersten und einzigen Tisch sieht, dann wird ihm bei dem betreffenden Wort auch nur dieser eine Tisch in den Sinn kommen. Er hat ja nur mit *ihm* seine Erfahrung gemacht.

Nimmt jedoch im Lauf der Zeit die Anzahl der in der Wirklichkeit erfahrenen (gesehenen und angefaßten) Tische zu, dann wird natürlich auch der Erfahrungsschatz wesentlich reichhaltiger sein. Man lernt unterschiedliche Formen, Farben und Materialien kennen, aber auch unterschiedliche Funktionen, denen dieser Gegenstand dient. So wird es dem Betreffenden möglich, bei der Frage, was ein Tisch ist, nicht mehr nur an einen ganz bestimmten Tisch denken zu müssen, sondern der Tisch, der sich in seinem Verstand, in seinem Denken bildet, wird immer abstrakter, das heißt immer unabhängiger von der konkreten Situation. Er wird gewissermaßen eine Idealvorstellung, ein *Idealtyp* von »Tisch«. Dieser Idealtyp ist sozusagen das gedankliche Ergebnis seiner sämtlichen Erfahrung, die er mit den unterschiedlichsten Tischen gewonnen hat. Er ist ein rein gedankliches Produkt, ist sozusagen *der* Tisch überhaupt.

Wichtig ist hierbei, festzustellen, daß es eine Unzahl konkreter, tatsächlich vorhandener Tische in dieser Welt gibt. Daran wird niemand zweifeln. Aber *den* Tisch als Idealtyp, den gibt es in der Realität nicht. Es kann ihn nicht geben, weil er dann nicht mehr der Idealtyp wäre, sondern mit ganz bestimmten konkreten Eigenschaften versehen werden müßte, wie etwa einer bestimmten Form, Farbe und Gestalt. Damit wäre er aber wie die anderen Tische nur *einer* unter vielen konkreten und nicht mehr der abstrakte, nur im Verstand bestehende Tisch, der frei von allen zufälligen Eigenschaften ist.

Die folgende Skizze mag helfen, den hier dargelegten Gedankengang zu verdeutlichen:

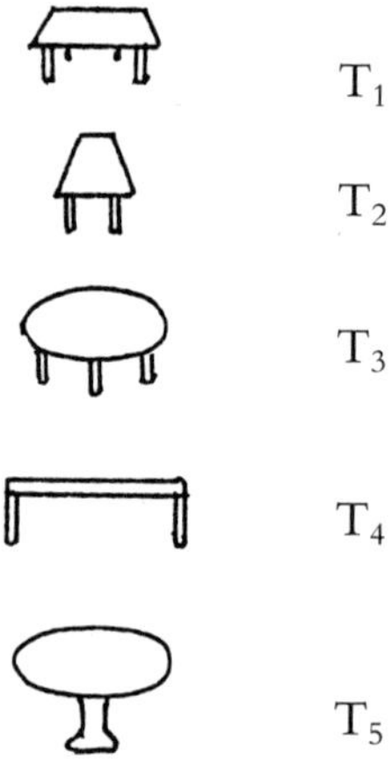

Idealkonstruktion existiert nur in unserem Verstand!

Nun mag jemand sagen: »Na schön, ich habe jetzt gelernt, daß es *den* Tisch, *den* Menschen, *den* Baum usw. in der Wirklichkeit nicht gibt, und ich sehe auch durchaus ein, daß er nur in unserer gedanklichen Vorstellung existieren kann. Aber was heißt das für das Leben? Ist diese Erkenntnis nicht bloß eine theoretische Gedankenspielerei von Philosophen, die in ihre eigene Phantasterei verliebt sind? Was habe *ich* davon, wenn ich das nun weiß?«

Zunächst einmal muß eingeräumt werden, daß solches Denken und Fragen völlig berechtigt ist. Trotzdem hat unser Freund nicht recht. Für den einzelnen ergeben sich sehr wohl Konsequenzen, die mehr als nur Gedankenspielerei und durchaus für die Lebenspraxis von Bedeutung sind.

Dazu müssen wir uns jetzt allerdings von dem vereinfachenden und nur als Hilfe zum besseren Verständnis herangezogenen Beispiel des Tisches lösen und die Problematik sehr viel genereller und weiter gefaßt sehen. Sie hat nämlich mit der grundsätzlichen Einstellung des Menschen zu seinem Wissen und seiner Erkenntnis zu tun.

Nach der geschilderten Theorie, die u. a. der englische Philosoph BERTRAND RUSSELL (1872–1970) vertrat, können wir in unserem Denken nur und ausschließlich von dem ausgehen, das positiv, das heißt wirklich vorhanden ist und das wir mit unseren Sinnen wahrnehmen können. Diese Wahrnehmung nun ermöglicht uns lediglich, die Dinge so zu sehen, wie sie uns *erscheinen!* Damit gestehen wir jedem anderen Menschen zu, daß er die Dinge anders wahrnimmt, diese Wahrnehmungen in seinen Erfahrungsschatz aufnimmt und demzufolge die Dinge auch anders beurteilt. Die wichtige Konsequenz daraus ist, daß es also immer nur eine individuelle und subjektive, das heißt auf den jeweiligen einzelnen Menschen bezogene Erkenntnis geben kann und daß wir uns nicht einbilden dürfen, jemals zu einer wirklich *objektiven* Erkenntnis gelangen zu können.

Diese Einsicht ist insofern für das Alltagsleben von Bedeutung, als sie eine gewisse Bescheidung des Menschen zur Folge hat, der Toleranz dienlich ist und der Selbstbeschränkung. Die Gefahr der Überheblichkeit, so denke ich, wird sicherlich vermindert werden. Denn das Wissen um die Grenzen seiner Erkenntnis und deren Bejahung sollten den einzelnen veranlassen, daran zu denken, daß es sehr unterschiedliche Erfahrungen und deshalb auch sehr unterschiedliche Sichtweisen und Urteile zu den jeweiligen Sachverhalten gibt. Die eigene Erkenntnis sollte daher immer als relativ und niemals als *allein* gültig und richtig angenommen werden. Es ist darüber hinaus fraglich, ob es grundsätzlich die von uns Menschen angestrebte Sicherheit in Erkenntnis und Wissen geben kann oder ob wir uns nicht vielmehr mit »vorläufigen« Antworten begnügen sollten. Und dies nicht nur im Bereich der Erkenntnistheorie, sondern auch in allen anderen philosophischen Disziplinen und Bereichen des Alltagslebens. Ich denke, daß es durchaus nicht zu Resignation oder Verzweiflung kommen muß, wenn wir feststellen, daß die Antworten und Lösungsversuche, nach denen wir bisher gearbeitet und gelebt haben und zurechtgekommen sind, irgendwann einmal erweitert, korrigiert oder erneuert werden müssen durch andere Erkenntnisse, die eben tragfähiger sein können.

Absolute Sicherheit in Wissen und Erkenntnis kann es also nach dieser philosophischen Auffassung nicht geben. Das ist zwar ernüchternd, macht aber gerade diese Lehre so außerordentlich sympathisch, weil sie uns Menschen als das beurteilt, was wir nun einmal sind und zu dem wir auch stehen sollten, nämlich unvollkommene und nach der Wahrheit suchende Wesen. Wenn wir allerdings annähmen, daß die hier dargelegte Auffassung die einzige wäre, dann würden wir die philosophisch-schöpferische Fähigkeit des Menschen bei weitem unterschätzen.

Auf der Suche nach einer Antwort auf die zu Beginn dieses Kapitels gestellten Fragen kann man nämlich auch einen völlig anderen, entgegengesetzten Weg gehen. Ich bitte Sie, liebe Leser, diesen Weg einmal vorurteilslos mitzugehen. Vorurteilslos deshalb, damit wir uns das Verständnis nicht schon im voraus blockieren und vielleicht unmöglich machen. Dies ist überhaupt in der Philosophie von großer Wichtigkeit: sich im Bemühen um das richtige Verständnis einer Theorie unbefangen zu nähern und erst, nachdem man sie verstanden hat, eine kritische Überlegung und einen Vergleich mit der eigenen Sichtweise anzustellen.

Versuchen wir also, dieses Vorgehen zu praktizieren, und nehmen wir einmal Begriffe zu Hilfe, die wir alle kennen, wie zum Beispiel *Kreis, Dreieck, Quadrat* oder *Rechteck.* Wir sollten uns zunächst fragen, woher diese Begriffe eigentlich stammen. Sind sie Schöpfungen des menschlichen Geistes? Sind sie in ihrer ureigentlichen Bedeutung Ergebnisse unserer Erfahrung? Beide Fragen werden von Vertretern der Theorie, die ich Ihnen hier vorstellen möchte, klar verneint.

Diese Philosophen vertreten vielmehr die Auffassung, daß es zwei sogenannte »Welten« gibt, zwei Bereiche, in denen etwas existiert. Und zwar ist es zum einen die physikalische Welt, in der wir leben, in der die Materie ist und in der wir die Dinge mit unseren Sinnen wahrnehmen können. Es ist die Welt, die wir als *»Wirklichkeit«* oder als *»Realität«* bezeichnen und verstehen. Damit stehen wir aber schon im Gegensatz zu eben jenen Philosophen – ja, so schnell kann es gehen, daß gegensätzliche Ansichten auftreten.

Und zwar beruht dieser Gegensatz darauf, daß diese Philosophen der Auffassung sind, daß eben *nicht* diese materielle Welt die wirkliche, wahre Welt ist, sondern daß die geistige, nicht sichtbare Welt im eigentlichen Sinne wahr und wirklich ist. Sie begründen dies damit, daß hier, in der physikalischen Welt, die Veränderung regiert, daß es nichts Gleichbleibendes gibt, daß alles ein Zusammengesetztes ist und damit nicht eigentlich und wahr. Unsere körperliche Welt verstehen und interpretieren sie daher als die Welt des *Scheins.* Und zwar deshalb, weil es in ihr nur so zu sein *scheint,* wie wir es mit den Sinnen wahrnehmen. Daß dies aber nicht das Wirkliche und Wahre ist, das zeigen die vielfältigen Täuschungen und Irrtümer, denen wir unterliegen. Wir unterliegen ihnen um so mehr, je mehr wir uns auf unsere sinnliche Wahrnehmung verlassen und damit über ein bloßes »Meinen« nicht hinauskommen. *Erkennen* können wir auf diese Weise nicht! (Denken wir nur an die Bilder mit den optischen Täuschungen.)

Kehren wir jetzt noch einmal zu unserem *Kreis, Dreieck, Quadrat* und *Rechteck* zurück. Diese Begriffe und vor allem das, was mit ihnen gemeint ist, existieren in der rein geistigen Welt als *Ideale,* als geistige Inbegriffe. Wir müssen uns das so vorstellen, daß diese Begriffe schon ewig existieren, sie haben schon lange existiert, noch bevor die Erde und damit die denkenden Menschen entstanden. Durch die Menschen wurden diese Begriffe lediglich entdeckt, es wurde mit ihnen gedacht und gearbeitet. Aber für die Existenz dieser Begriffe ist es völlig belanglos, ob es Menschen gibt, die sie entdecken und nutzen, oder nicht. Selbst wenn die Erde und die Menschen einmal aufgehört haben zu sein, wird es diese Begriffe, diese *Ideale* oder *Ideen* unverändert weiter geben bis in alle Ewigkeit.

In der Philosophie sagt man, sie führen ein ideales Sein. Was wir hier stellvertretend über *Kreis, Dreieck* usw. festgestellt haben, gilt im gleichen Sinne für alle Begriffe, die es überhaupt gibt, für alles, was existiert beziehungsweise existieren wird. So etwa für »gut«, »Tugend«, »lieb«, »Tapferkeit« usw.

Nun brennt natürlich die Frage, woher wir Menschen das Wissen um diese vollendeten, vollkommenen *Ideale* haben. Auch das läßt sich in der hier zur Diskussion stehenden Lehre beantworten, die damit immer interessanter wird.

Wir gehen dazu von der Annahme aus, daß der Mensch eine Seele hat, die etwas rein Geistiges ist, das zu seinem Leben unbedingt erforderlich ist. Und wir nehmen weiterhin an, daß diese Seele unsterblich ist. Der Ort, an dem sie »lebt«, wenn sie nicht gerade auf göttlichen Willen hin für eine begrenzte Zeit in einen menschlichen Körper schlüpfen muß, ist genau diese rein geistige Welt, von der wir sprachen. So existieren dort also nicht nur die *Ideale,* die *Ideen* aller Dinge, sondern auch alle Seelen, die in dieser *Ideenwelt* völlige Erkenntnis haben. Ich glaube, wir können uns gut vorstellen, daß dies für die Seelen ein geradezu beglückender, paradiesischer Zustand ist. Völlige Erkenntnis zu haben, das muß das Höchste und Größte sein; etwas, das wir Menschen gar nicht voll erfassen können.

Wenn nun die Seele auf göttliche Weisung hin in einen Menschen übergeht, dann muß sie natürlich die *Ideenwelt* verlassen und sich in die Welt des Materiellen begeben, ja, sie muß sogar in die Hülle des Körpers hinein, an den sie für eine Anzahl von Jahren gekettet, in dem sie regelrecht eingesperrt ist. In dem Moment aber, wo die Seele, von der *Ideenwelt* kommend, die Grenze zur materiellen Welt überschreitet, vergißt sie alles, was sie bisher an Erkenntnis gehabt hat. Sie muß es vergessen, das ist ihr Schicksal, ihre Bestimmung.

Wir können uns dies vielleicht dadurch etwas bildhafter vorstellen, indem wir uns die Seele als ein Wachstäfelchen denken, in das sämtliche Erkenntnis mit einem Griffel eingraviert ist. Im Moment des Vergessens nun wird dieses Täfelchen mit Staub bedeckt, so daß das Eingravierte zwar nicht mehr zu lesen, aber trotzdem noch vorhanden ist. Dies festzuhalten ist sehr wichtig, denn

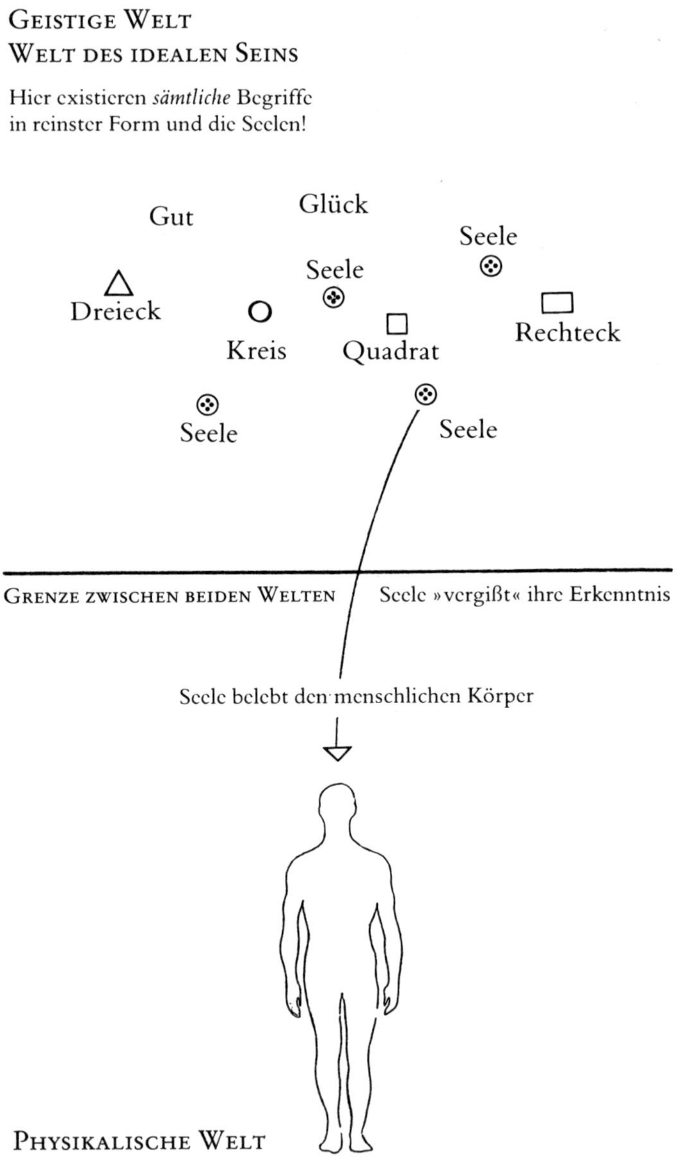
Geistige Welt
Welt des idealen Seins
Hier existieren *sämtliche* Begriffe in reinster Form und die Seelen!
Gut
Glück
Seele
Seele
Dreieck
Kreis
Quadrat
Rechteck
Seele
Seele
Grenze zwischen beiden Welten
Seele »vergißt« ihre Erkenntnis
Seele belebt den menschlichen Körper
Physikalische Welt

nun ist es das Bestreben der Seele und auch eine ihrer Aufgaben, den Menschen durch geistige Anstrengung dazu zu bewegen, möglichst viel auf dem Täfelchen vom Staub des Vergessens, des Nichtwissens, freizulegen und damit – zumindest teilweise – zur Erkenntnis zu gelangen.[1]

Erkenntnis zu gewinnen ist damit im wahrsten Sinne höchste Aufgabe des Menschen, und es ist gleichbedeutend mit dem (wörtlich zu verstehenden) Ent-decken, dem Freimachen des bedeckten Täfelchens. Es gibt nach Auffassung dieser Philosophen also überhaupt kein Erfinden, weil es nichts geben kann, von dem nicht in der *Ideenwelt* schon der Begriff in seiner reinsten Form existiert, sondern es gibt nur ein Entdecken.

Auch hier sollten wir uns nicht damit begnügen, diese Lehre nur verstehen zu wollen, sondern wir sollten weiter fragen, was die Konsequenzen sind und was es für uns bedeutet, wenn diese Lehre zutrifft.

Eine wichtige Konsequenz ist, daß alle Menschen die absolut identischen Urbilder in ihren Seelen haben, weil diese alle von ein und demselben *Ideal* herrühren. Sie können gar nicht unterschiedlich sein! Das heißt aber, daß dem Menschen grundsätzlich und von den Möglichkeiten her völlige Erkenntnis zugänglich ist und daß diese Erkenntnis immer *objektiv* und absolut gültig sein muß. Die individuellen, subjektiven Merkmale bei der zuerst vorgestellten Lehre treffen hier nicht zu.

Das bedeutet aber weiterhin, daß das Besondere, das Gute, Positive und Wertvolle nur im *Geistigen* zu finden ist! Das Materielle, Körperliche steht diesem Geistigen entgegen als das Negative. Nicht umsonst wird von dem griechischen Philosophen PLATON (427–347 v. Chr.),

[1] Vgl. PLATON, *Der Staat,* Reclam, Stuttgart, 1957.

der diese Lehre geprägt hat, der Körper als das »Gefängnis der Seele« verstanden.

Der außerordentlich krasse Gegensatz in der Ansicht über Geist und Körper und in deren Wertungen war in den folgenden Jahrhunderten und ist bis in unsere Gegenwart hinein von großer, man kann fast sagen, von tragischer Auswirkung für den Menschen. Denn er wurde als Wesen mit Geist *und* Körper stets in eine Zerreißprobe hineingestellt, die sehr unheilvoll sein mußte. Alles Körperliche wurde selbstverständlich als das Böse und Minderwertige gesehen, so schön es auch sein mag. Diese Sichtweise gilt laut Platon übrigens auch für die Künste, die von den Abbildern in der physikalischen Welt erneut künstliche Abbilder schaffen und den Menschen dadurch nur noch weiter vom Geistigen und damit von der wahren Erkenntnis und seiner eigentlichen Bestimmung wegbringen und ihn sich in den Stricken des Materiellen, Abbildhaften verfangen lassen. In der christlichen Moralvorstellung zum Beispiel, insbesondere was Körperlichkeit und Sexualität anbelangt, sind wesentliche Merkmale dieser Lehre spürbar.

Halten wir abschließend fest: Der Mensch trägt die angeborenen, in seiner Seele vorhandenen Ideen in sich. Die ihm mögliche Erkenntnis ist immer *objektiv!* Wem in dieser Lehre PLATONS die sinnliche Wahrnehmung zu kurz kommt und zu schlecht abschneidet, der wird möglicherweise eher der Theorie zustimmen können, die davon ausgeht, daß nichts in unserem Verstand ist, was nicht zuvor über die Sinne (d. h. die sinnliche Wahrnehmung) in ihn hineingelangt ist.

Wir sprachen schon darüber, daß wir Menschen nur in Bildern denken können. Man stelle sich nun einmal vor, was dem Verstand an Material zur Verfügung stünde, wenn nichts Bildhaftes und sinnlich Wahrgenommenes (optisch, akustisch oder getastet/gefühlt) aufgenommen werden könnte. Was sollte er in einem solchen Fall verarbeiten, was vorstellen? Die Frage sei hier erlaubt, ob ein Mensch, dessen fünf Sinne nicht funktionieren, überhaupt denken kann!

Das bedeutet aber, daß der sinnlichen Wahrnehmung eine sehr große Bedeutung beizumessen ist. Daran ändert auch die Einsicht nichts, daß die Sinne Täuschungen unterliegen. Diese als solche zu erkennen, ist auch nicht Aufgabe der Sinne, sondern hierfür ist unser Verstand zuständig, der vernünftige Überlegungen anstellt entsprechend den Regeln der Logik und der damit die Tätigkeit des Denkens leistet.

Die englischen Philosophen GEORGE BERKELEY (1684–1753) und JOHN LOCKE[1] (1632–1704) sind u. a. als »Väter« dieser damals neuen Richtung zu sehen, die unter der Bezeichnung (klassischer; englischer) *Empirismus* bekannt wurde. »Empirisch« heißt »erfahrungsgemäß; aus Erfahrung gewonnen«. Nach Auffassung der Vertreter dieser philosophischen Richtung stammt die Erkenntnis des Menschen wesentlich aus der Erfahrung, die auf die sinnliche Wahrnehmung angewiesen ist und auf deren Grundlage Denkoperationen des Verstandes erfolgen. Weil natürlich die Wahrnehmungen der einzelnen Menschen sehr unterschiedlich sind, muß demzufolge auch die Erfahrung, die sich hieraus ergibt, ebenso unterschiedlich sein. Das wiederum bedeutet, daß es *keine* einheitliche und schon gar keine *objektive* Erkenntnis geben kann, sondern daß wir uns damit abfinden müssen, daß alle unsere Erkenntnis subjektiv und damit relativ ist. Zu mehr sind wir nicht in der Lage.

[1] Vgl. JOHN LOCKE, *Versuch über den menschlichen Verstand,* Phil. Bibliothek, 4. Auflage, Meiner, Hamburg, 1981.

Der Mensch ist – im Gegensatz zur idealistischen Auffassung Platons – also ein »unbeschriebenes Täfelchen«, ein »unbeschriebenes Blatt«. Erst im Verlaufe des Lebens, und das heißt mit den Erfahrungen, die der Mensch macht, wird dieses »Täfelchen« oder »Blatt« beschrieben. Die Lehre von ewig gültigen und außerhalb der materiellen Welt existierenden Idealen oder Ideen wird völlig abgelehnt, und auch eine absolute Wahrheit ist nach dieser Theorie nicht möglich.

Nun möchte ich Sie mit einer weiteren Theorie im Konzert der philosophischen Richtungen bekannt machen. Mit einer Lehre, die sich in ihrem Gegenstand von den bisher besprochenen unterscheidet, indem sie sich nämlich nicht mit der Frage nach Wahrheit oder angeborenen bzw. nicht angeborenen Ideen beschäftigt, sondern die danach fragt, wie wir zu Aussagen über Sachverhalte kommen können, über die wir noch gar keine Erfahrung gesammelt haben. Lassen Sie mich dies zum besseren Verständnis an einem Beispiel erläutern:

Nehmen wir an, wir halten in beiden Händen vor unserem Körper ausgestreckt ein Straußenei und lassen dieses Ei los. Wohl keiner von uns hat jemals ein Straußenei aus erhobenen Händen losgelassen. Das heißt, niemand von uns hat in diesem Fall konkrete Erfahrung, auf die er sich berufen kann. Trotzdem wird kein vernünftiger Mensch über die Frage, was mit dem Ei passiert, ernsthaft ins Grübeln geraten. Die einzige Frage, die interessieren könnte, ist die, ob der Inhalt des Eies uns bis an die Knöchel oder bis an die Knie spritzt, aber nicht, ob das Ei überhaupt zu Boden fällt. Trotzdem: Interessant ist das schon, denn, wie gesagt, niemand von uns hat ja jemals in *diesem* Fall wirkliche Erfahrungen sammeln können. Wie kommen wir also zu der Annahme, daß das Ei zu Boden fällt? Was macht uns da so sicher und läßt uns jeden Zweifel als unsinnig belächeln?

Um der Antwort auf diese Frage näher zu kommen, müssen wir zunächst einmal alles, womit sich unser Verstand in seinem Denken befassen kann, zum einen in sogenannte *Beziehungen von Vorstellungen* und zum anderen in *Tatsachen* aufteilen.[1] Was haben wir uns unter *Beziehungen von Vorstellungen* zu denken? Nun, es sind solche Sachverhalte und Aussagen, die sich entweder dadurch als richtig beweisen lassen, daß man sie experimentell belegt, oder aber dadurch, daß man sie durch rein logisches Denken beweist und ihre Richtigkeit dadurch offensichtlich wird. Dies trifft zum Beispiel für alle Aussagen und Sachverhalte in der Mathematik zu.

Indem wir etwa sagen: $7 + 5 = 12$, bringen wir zunächst einmal Vorstellungen zum Ausdruck, die wir mit den Namen und Symbolen, die wir den Zahlen und den Rechenzeichen zusprechen, belegen. Darüber hinaus stellen wir auch bestimmte Beziehungen zwischen diesen Vorstellungen fest. Es handelt sich in dieser einfachen Aussage also tatsächlich um Beziehungen von Vorstellungen. Ebenso werden in der Aussage, daß in einem Rechteck die Diagonale das Rechteck in zwei gleich große Dreiecke teilt, solche Beziehungen ausgesagt, die zwischen den Vorstellungen von Rechteck, Diagonale, Dreieck usw. bestehen.

Diese Gruppe von Sachverhalten macht aber nur *einen* Teil unseres Denkens aus. Die andere, im Grunde sehr viel interessantere, sind die sogenannten *Tatsachen*. Das sind all diejenigen Aussagen und Sachverhalte, die sich *nicht* wie die *Beziehungen von Vorstellungen* demonstrativ

[1] Vgl. David Hume, *Eine Untersuchung über den menschlichen Verstand*, Phil. Bibliothek, Meiner, Hamburg, 1984.

(d. h. durch Zeigen, Experiment oder Logik) beweisen lassen und die auch nicht so offensichtlich sind, daß sie jedem sofort als richtig und gewiß einleuchten. Wir müssen hier auch einen etwas anderen Gebrauch des Wortes zugestehen, als wir ihn von der Alltagssprache her gewohnt sind. Da nämlich ist eine Tatsache etwas, das unumstößlich zutrifft, das richtig und wirklich ist und das man als vernünftiger Mensch nicht bezweifeln kann. In der philosophischen Theorie, die hier zur Diskussion steht, meint das Wort allerdings etwas anderes. Denn hier sind *Tatsachen* gerade *nicht* so sicher und ihre Richtigkeit ist *nicht* so klar, wie das bei den *Beziehungen von Vorstellungen* der Fall ist. Bei einer jeden Tatsache, das müssen wir darüber hinaus bedenken, ist immer auch genau das Gegenteil möglich; mit derselben Berechtigung, mit der wir sagen, die Tatsache träfe zu, kann auch das Gegenteil möglich sein. Daß ich zum Beispiel jetzt, zu dieser Zeit hier sitze und an meinem Manuskript für dieses Buch schreibe, ist eine Tatsache. Es ist aber mit derselben Berechtigung auch denkbar, daß ich jetzt nicht hier säße, sondern etwa gerade einen Spaziergang machte.

Begeben wir uns nun in den Problembereich der Begründung, und fragen wir nun weiter, warum denn die erstgenannte Tatsache zutrifft, warum ich also hier sitze und an meinem Manuskript arbeite, dann werde ich einen Grund angeben, der seinerseits wiederum eine Tatsache ist. Nämlich, daß ich einen Termin habe, der mich veranlaßt, strikte Arbeitszeiten einzuhalten. Auch für diese Aussage, die wiederum eine Tatsache ist, gibt es einen Grund, usw.

Das heißt mit anderen Worten: Zwischen Tatsachen besteht das Band von *Ursache* und *Wirkung*. Einzig und allein dieses Band macht es uns möglich, Aussagen über Tatsachen zu machen, die über unsere sinnliche Wahrnehmung hinausgehen. Wie kommen wir aber eigentlich zu dieser Feststellung, die so einleuchtend zu sein scheint, daß wir schon fast den Eindruck haben, wir hätten sie immer bereits gewußt, hätten sie womöglich sogar schon mit auf die Welt gebracht? Hierauf gibt es nur eine Antwort: Durch die *Erfahrung!* Schon unzählige Male haben wir ähnliche Sachverhalte beobachtet und dabei festgestellt, daß eine bestimmte Ursache eine bestimmte Folge oder Wirkung nach sich zieht. Wohl jeder von uns hat schon aus erhobener Hand einen Stein losgelassen und dabei festgestellt, daß er zu Boden fällt. Das gleiche trifft auf Holzstückchen, Kreide, Federn und unzählige andere Gegenstände zu.

Kehren wir nun zu unserem Straußenei zurück, dann können wir in Verbindung mit dieser Feststellung sagen, wir *erwarten* einfach, daß das Ei zu Boden fällt, weil es ein bestimmtes Gewicht hat und weil wir viele Male festgestellt haben, daß alle Dinge mit einem bestimmten Gewicht zu Boden fallen. Ja, unsere Erwartung ist sogar so »in Fleisch und Blut« übergegangen, ist so stark, daß wir ihr ein Höchstmaß an Gewißheit zusprechen und einen Beweis für überflüssig halten. Vielleicht mag dies schon etwas leichtsinnig sein. Unsere Erwartungshaltung aufgrund von Ähnlichkeiten der Fälle leitet uns also zu Aussagen oder Annahmen, denen wir (allzu) gerne das Prädikat *zutreffend* beimessen.

Bin ich mehrfach von schwarzen Hunden gebissen worden, dann erwarte ich, daß auch der nächste schwarze Hund sich ähnlich verhalten wird. Und haben mich mehrmals in meinem Leben Langhaarige angepöbelt, dann neige ich sehr leicht dazu anzunehmen, daß Langhaarige generell Leute anpöbeln. Mit unserer Erwartungshaltung verbindet sich die sehr große Gefahr zu verallgemeinern. Das ist ein großer Nachteil! Wir alle sind uns sicher, daß morgen früh die Sonne aufgeht und ein neuer Tag beginnt. Wenn wir das nicht für zutreffend, ja sogar schon für selbstverständlich hielten, dann brauchten wir uns gar keine Termine und Vorhaben für morgen vorzunehmen – wir tun es aber!

Und noch ein weiteres, sehr wichtiges Ergebnis dieser Theorie sollten wir festhalten: Nach dem Prinzip von *Ursache* und *Wirkung* kommen wir, wenn wir sozusagen rückwärtsgehen, nie auf die allererste Ursache, können über *sie* nichts aussagen, können also im Grunde nie zu einer letzten Antwort gelangen.

Kehren wir ein letztes Mal zu unserem Straußenei zurück: Daß es zu Boden fällt, können wir damit begründen, daß es ein bestimmtes Gewicht hat; das Gewicht wiederum steht in Beziehung zur Schwerkraft, die auf alle Gegenstände wirkt und sie in Richtung Erdmittelpunkt zieht. *Warum* aber die Schwerkraft wirkt und *was* sie ist, das können wir auf diese Weise nicht ermitteln; wir müssen die Antwort schuldig bleiben. (Auch das ist wiederum eine Tatsache.) Diese philosophische Richtung, bei der, wie wir es schon bei der vorherigen kennengelernt haben, die Erfahrung eine sehr wesentliche Rolle spielt, die aber auch die Grenzen menschlichen Erkennens und Wissens deutlich aufzeigt, wurde von dem Engländer David Hume (1711–1776) begründet. Weil er in bezug auf die Möglichkeiten der Erfahrung hinsichtlich der Letztbegründungen eine skeptische Position einnahm, ist diese philosophische Theorie unter der Bezeichnung »Skeptischer Empirismus« bekannt geworden.

Lieber Leser, der Weg, den wir nun gemeinsam bis hierher gegangen sind, war gewiß nicht einfach. Aber ich denke, er hat sich gelohnt und gibt reichlich Anlaß zum

Nachdenken. Einen Themenbereich innerhalb der Erkenntnistheorie möchte ich Ihnen noch zumindest skizzenhaft vorstellen, und zwar die Bemühungen, die Existenz Gottes mit philosophischen Mitteln nachzuweisen. Hier gibt es eine Fülle unterschiedlicher Ansätze und Methoden. Dabei sollten wir bedenken, daß der religiöse Glaube frei ist von allem Bestreben nach Beweisen. Denn glauben im religiösen Sinne bedeutet, auf jede Form eines Beweises freiwillig zu verzichten. Entweder man glaubt, dann verlangt man keinen Beweis; oder man will beweisen, dann aber kann man nicht mehr glauben. Denn Wissen und Glauben schließen einander aus. Daß es die sogenannten »Gottesbeweise« gibt, hat seinen Grund darin, daß versucht wurde, denjenigen Menschen, die nicht an Gott glauben können oder wollen, zumindest *eines* unzweifelhaft klar vor Augen zu führen: die Existenz Gottes! Für diejenigen, die die Gnade haben, an Gott glauben zu können, sind diese Beweise nicht gedacht. Und sie wollen auch nichts darüber aussagen, *wie* Gott ist, sondern *daß* er ist.

Einer unter vielen methodischen Wegen zu einem solchen Beweis macht es uns möglich, von der bereits bekannten Tatsache auszugehen, daß jede Veränderung ihre Ursache hat. Wenn zum Beispiel eine Billardkugel rollen soll, dann muß sie zuvor einen Stoß erhalten haben. Gehen wir in der Kette von Ursachen und Wirkungen/Veränderungen nun immer weiter zurück, dann läßt sich nach Ansicht der Philosophen, die bemüht waren, schlüssige Gottesbeweise zu erzielen, dieses Zurückverfolgen vernünftigerweise nicht bis in alle Unendlichkeit fortsetzen. Das ergäbe keinen Sinn. Vielmehr muß irgendwann in dieser Kette ein Anfang gesetzt werden, an dem dasjenige steht, das keine andere Ursache nötig hat, das also von nichts anderem verursacht wird als nur von sich selbst. Das ist der absolute Beginn, und dasjenige, das an diesem Anfang steht, ist selbst nicht verursacht, verursacht aber seinerseits alles andere. Genau dieser erste Verursacher ist nach Überzeugung von Philosophen wie etwa THOMAS VON AQUIN[1] (1225–1274) Gott. Damit soll nur einer aus einer ganzen Reihe von Philosophen genannt sein, die sich den Beweis der Existenz Gottes zur Aufgabe gemacht haben.

Die Problematik dieser Gottesbeweise ist viel zu kompliziert, als daß sie hier ausführlich behandelt werden könnte. Aber sie ist so interessant, daß man nicht versäumen sollte, sich mit ihr zu beschäftigen. Das ist der Grund, weshalb sie in dieser Einführung zumindest erwähnt ist.

Es bliebe nach diesen punktuellen Erläuterungen noch sehr vieles zum Bereich der Erkenntnistheorie zu sagen. Was hier dargestellt wurde, stellt lediglich eine minimale Auswahl und einen winzigen Bruchteil dar, mit dem Ziel, zu weiterführender Beschäftigung mit der Thematik anzuregen. Die Hilfen am Ende dieses Buches sollen diese Bemühungen erleichtern.

---

[1] Vgl. THOMAS VON AQUIN, *Summa theologica,* Bd. 1, Salzburg, 1933.

6. Überlegungen zu Moral und Ethik

Wer kennt es nicht, das schlechte Gewissen – diesen nagenden Wurm, der tief in unserem Inneren sitzt und keine Ruhe gibt. Dieses Etwas, das so entsetzlich quälen und so furchtbar unangenehm sein kann. Oft können wir den Plagegeist noch nicht einmal durch Entschuldigungen, die wir uns selbst ausstellen, zum Schweigen bringen, und auch die Zeit, die bekanntlich alle Wunden heilt, kann hier oft nicht die gewünschte Wirkung erzielen. Unbarmherzigkeit kennzeichnet unseren inneren Peiniger. Wie sonst wäre es möglich, daß Übeltäter, die unentdeckt geblieben sind, sich nach 20 und mehr Jahren stellen, allein deshalb, weil sie den Druck des eigenen Gewissens nicht mehr aushalten konnten, weil das Gewissen ihnen einfach keine Ruhe ließ. Und dann wiederum gibt es Menschen, die so etwas wie ein Gewissen gar nicht zu kennen scheinen.

Eine höchst merkwürdige Angelegenheit, die Sache mit dem Gewissen; ich denke, die Frage ist berechtigt, was dieses Gewissen denn überhaupt ist. Wo kommt es her? Hat es jeder von Beginn seines Lebens an, einfach aufgrund der Tatsache, daß er Mensch ist?

Der Arzt und Psychologe SIGMUND FREUD (1856–1939) setzte sich unter anderem auch mit dem Problem des Gewissens und seiner Entstehung auseinander. Zwar entspricht seine Theorie nicht mehr voll und ganz dem heutigen Forschungsstand, aber in ihren Grundzügen halte ich sie nach wie vor für so elementar, daß sie als Fundament für die vorliegende Erörterung dienen soll. Freud war der Ansicht, daß die Psyche des Menschen aus mehreren Teilen besteht, die zu zergliedern (= analysieren) sind, wenn wir Aufschluß über sie gewinnen wollen. Dieses Bemühen praktizierte und beschrieb er und gilt somit als Begründer der modernen Psychoanalyse.

Zur Lehre Freuds: Er ging davon aus, daß der Mensch ein Gemeinschaftswesen ist, das die Gemeinschaft in psychischer Hinsicht dringend braucht, um selbst existieren zu können. Ohne die anderen Menschen hätten wir niemanden, an dem wir handeln und aktiv sein könnten und von dem wir irgendeine Resonanz auf uns und unser Tun erhielten. Aber genau das benötigen wir. Ein Leben in völliger Isolation ist gegen die menschliche Natur gerichtet und macht den Menschen krank, zerstört ihn, zuerst psychisch und dann auch körperlich. Wir brauchen beispielsweise nur daran zu denken, daß es sehr viel schwerer für einen Menschen zu ertragen ist, wenn wir ihn ignorieren, ihn schneiden, als wenn wir uns lautstark mit ihm auseinandersetzen. Den anderen »wie Luft behandeln« gehört mit zu den schlimmsten Dingen, die wir jemandem antun können.

Darüber hinaus ist der Mensch auch ein Wesen, das von Natur aus bestrebt ist, Angenehmes zu erfahren und Unangenehmes zu vermeiden. Dies zeigt sich von Beginn des menschlichen Lebens an. Wärme, Nahrung, Zuwendung, Liebe werden als von außen kommendes Angenehmes empfunden. Dagegen werden Kälte, Schimpfen, Unwillen oder Hunger als unangenehm empfunden, und daher wird intensiv versucht, dies zu vermeiden. Dieser Sachverhalt ist in der Erziehung von größter Bedeutung und hier insbesondere für den Bereich der Moral.

Ein Kleinkind kann *nicht* von sich alleine aus zwischen richtig und falsch oder gut und böse unterscheiden. Diese Werte sind ihm völlig fremd, es hat sie *nicht,* wie bisweilen angenommen wird, bereits in sich.

Das kleine Kind zertritt nicht etwa deshalb seinen Keks nicht, weil es das Bewußtsein hätte, es sei moralisch falsch, Lebensmittel zu vernichten, sondern vielmehr, weil die Bezugsperson auf sein Zertreten mit Unmut, Schimpfen oder gar einem Klaps reagieren würde (diese Erfahrung hat das Kind in der Vergangenheit möglicherweise schon gemacht). Genau diese Reaktion der Bezugsperson wird als unangenehm empfunden, als Liebesentzug. Wenn das Kind dagegen »anständig« mit dem Keks umgeht und ihn »brav« aufißt, wird mit Lob oder gar Streicheln reagiert. Dies ist angenehm und wird erstrebt. So haben wir Liebesentzug im einen und Zuwendung/Liebe im anderen Fall, und es wäre völlig unsinnig zu meinen, ein Kleinkind handle aus moralischer Einsicht heraus. Genaugenommen ist die Motivation des Kindes von moralischem Bewußtsein völlig gelöst und sogar als egoistisch einzustufen.

Sozusagen auf dem »Rücken«, »Huckepack« mit der vordergründigen Reaktion der Bezugsperson werden ganz allmählich im Laufe der geistigen Entwicklung des Kindes moralische Werte *mit*-vermittelt, die dann allerdings verstanden werden müssen. Somit kann man nicht von erkannten »Werten« und von tatsächlichen Einsichten zu Beginn dieser Phase sprechen.

Wohl niemand wird das Experiment wagen, weil die Folgen für das Kind zu furchtbar wären, aber es wäre durchaus denkbar, einem Kind auf der Grundlage von bewußter Wertumkehrung durch die Bezugspersonen Handlungen und Wertungen in einer Weise zu vermitteln, die den in der Gesellschaft geltenden widersprächen und sozusagen eine moralische »Umpolung« des Kindes bedeuteten, das heißt von frühester Kindheit an Lob für objektiv »böse« Handlungen und Tadel/Liebesentzug für »gute« Handlungen. Man darf sicher sein, daß auf einer solchen Grundlage und mit einer solchen Erfahrung zumindest in der Anfangsphase, das heißt solange die Vernunft noch nicht die entscheidende Rolle übernommen hat, das Kind den geltenden Normen entgegengesetzt handeln würde.

Hieraus wird deutlich erkennbar, welche enorme Verantwortung diejenigen haben, die ihre eigenen Werte an die Kinder weitergeben. Auch wenn diese Weitergabe unter besten Bedingungen nach bestem Wissen und bestem Vermögen erfolgt, so ist doch immer die grundsätzliche Möglichkeit gegeben, Fehler zu machen!

Nun wissen wir aber, daß der junge Mensch in bezug auf Werte und Normen in der weiteren Entwicklung seines Lebens nicht bei dem stehenbleibt, was ihm durch Eltern und sonstige Bezugspersonen vermittelt worden ist. Von einem bestimmten Stadium an lernt er, mit Hilfe seiner Vernunft und seiner Gefühle Werte in Frage zu stellen und sogar andere Werte anzunehmen, die er aufgrund von Einsichten gewinnt. Dies bedeutet nichts anderes, als daß er versucht, in moralischer Hinsicht auf eigenen Füßen zu stehen, als ein emanzipiertes und autonomes Wesen seinen Stand zu finden.

Aber: So einfach geht dies nicht, auch wenn äußerlich die Möglichkeiten bestehen und nichts dagegen zu sprechen scheint. Denn im Inneren wird der Mensch von einem Etwas regiert, das er nicht so ohne weiteres überwinden kann, falls ihm dies überhaupt gelingen sollte.

Nach der Theorie Sigmund Freuds besteht die Psyche des Menschen aus mehreren Teilen (er nennt dies den

»psychischen Apparat«): dem Es, dem ICH und dem ÜBER-ICH.[1]

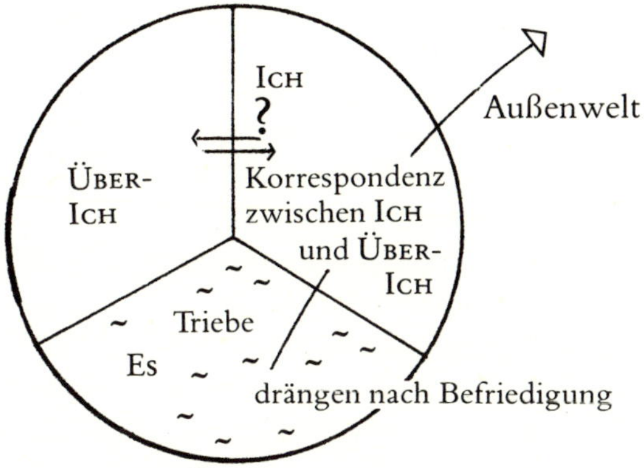

Alle drei müssen einer näheren Betrachtung unterzogen werden.

Wir sprachen schon davon, daß der Mensch grundsätzlich und wesensmäßig bestrebt ist, Angenehmes zu erfahren und Unangenehmes zu vermeiden. Dies ist von Natur aus eines seiner Merkmale und in dem Teil angesiedelt, den Freud das Es nennt. Hierher gehören auch sämtliche Erbanlagen, das heißt, alles, was anlagebedingt (konstitutionell) mitgegeben ist, sowie auch sämtliche Triebe, die als dynamische Komponenten von zielgerichteten Verhaltensweisen in der Lage sind, den Organismus dazu anzutreiben, ein bestehendes Bedürfnis zu befriedigen. Wie stark diese Triebe, die mit dem Es schon von Beginn an im Menschen sind, sein können,

[1] Vgl. SIGMUND FREUD, *Abriß der Psychoanalyse/Das Unbehagen in der Kultur,* Fischer, Frankfurt/Main, 1953, S. 6 f.; 162 ff.

wird erkennbar, wenn man sich vor Augen führt, daß oft für die momentane Befriedigung eines Triebes sogar alle Vernunft und Verantwortung, alle moralischen Normen, Regeln und Werte über Bord geworfen werden, daß schlimme Konsequenzen, um die man weiß, in Kauf genommen werden, nur um den bestehenden Trieb zu befriedigen.

Nun darf man jedoch nicht den Fehler machen, das Es demzufolge als das Schlechte in uns zu bewerten! Ohne das Es, die in ihm befindlichen Anlagen und Triebe (Lebenstrieb, Selbsterhaltungstrieb usw.) wären wir gar nicht in der Lage zu leben!

Nach Freuds Theorie hat sich nun zwischen dieses Es und die uns umgebende Außenwelt ein ganz bestimmter Teil dieses Es geschoben, der eine besondere Entwicklung erfahren hat und nicht mehr mit dem ursprünglichen Es gleichzusetzen ist.

Dieser Teil ist das Ich. Dieses Ich ist sozusagen der »Puffer«, das regelnde Element zwischen der Außenwelt und dem Innen des Menschen. Es wirkt schützend gegen das Außen, indem es beispielsweise zu starke Reize vermeidet, erfahrene Reize aufspeichert oder die Außenwelt für seinen Vorteil zu verändern hilft. Darüber hinaus wirkt es auch nach innen auf das Es ein, indem es entscheidet, ob ein Trieb zugelassen werden kann, das heißt nach draußen darf, um befriedigt zu werden, oder nicht. Das Versagen dieser Befriedigung kann auf einen momentanen Zeitpunkt oder auf einen Zeitraum bezogen sein, weil der Augenblick zum Beispiel ungünstig ist. Das Versagen kann aber auch kategorisch und damit grundsätzlich sein.

Freud sagt, wenn die Zurückweisung oder Unterdrückung eines Triebes häufiger geschieht, dann kann dies bei dem betreffenden Menschen über die Frustration zur Neurose kommen, im schlimmsten Falle bei ständiger Wiederholung sogar zur Psychose und damit zur Krankheit.

Man kann insgesamt feststellen, daß das Ich die Herrschaft über das Es ausübt.

Nun ist aber noch das Über-Ich da. Dieses ist aus einem Teil des Ich in der langen Kindheitsphase hervorgegangen, in der der junge, werdende Mensch in starker Abhängigkeit und unter intensivem Einfluß seiner Bezugspersonen (normalerweise der Eltern) steht. In dieser Zeit werden Ansichten und Werte von ihnen vermittelt und von dem jungen Menschen übernommen, verinnerlicht. Dieser Prozeß erfolgt auf eine höchst intensive Art, und wenn die Rolle der Bezugsperson als Belohnende oder Strafende (je nach den Handlungen des jungen Menschen) mit einer gewissen Entwicklungsstufe beendet ist, wird genau die gleiche Funktion von einer Institution wahrgenommen, die nun im Inneren des jungen Menschen auftritt und aus dem Ich hervorgegangen ist: dem Über-Ich. Dieses ist die dritte Komponente des psychischen Apparates und die zweite, mit der das Ich sich auseinanderzusetzen hat. Jetzt müssen die Ansprüche aller drei, des Es, des Ich und des Über-Ich, übereinstimmen, wenn eine Handlung richtig und gut sein soll. Trifft dies nicht zu, versagt beispielsweise das Über-Ich seine Zustimmung, und wird trotzdem die betreffende Handlung ausgeführt, dann tritt genau das auf, was wir als das *schlechte Gewissen* empfinden und kennen.

Mit dem Ablösen des jungen Menschen von den Bezugspersonen seiner frühen Kindheit treten mehr und andere Personen oder Institutionen bis hin zur Gesellschaft an deren Stelle und formen durch bestehende Werte und Sichtweisen ständig das Über-Ich, das wacht und allzeit bereit ist, strafend oder lobend zu wirken. Diese Eigenschaft ist tief in ihm verankert und für das ÜBER-ICH geradezu charakteristisch.

Konnte der Mensch sich dem Liebesentzug, der Strafe durch Eltern usw. eventuell noch entziehen und mag ihm das auch gegenüber der Gesellschaft noch gelingen (nach dem Motto: »Man darf sich nur nicht erwischen lassen«), so ist ihm dies vor dem eigenen ÜBER-ICH nicht mehr möglich, das ja in ihm ist und das er nicht täuschen oder überlisten kann. Gnadenlosigkeit ist eines seiner entscheidenden Merkmale.

Erst auf dieser Stufe, auf der nicht mehr eine äußere Autorität Zuwendung oder Liebesentzug vornimmt, sondern das eigene ÜBER-ICH, kann man berechtigt von *»Gewissen«* sprechen. Solange äußere Autoritäten maßgeblich sind und deren Reaktionen vermieden werden sollen, ist es korrekt, von »sozialer Angst« zu sprechen, nicht aber von *»Gewissen«*.

So ist also das *Gewissen* eine nach innen verlagerte Autorität, die, begierig darauf, bestrafen oder loben zu können, im Inneren unserer Psyche wachsam unser Handeln beurteilt. Ihr können wir nicht entrinnen, uns ihrem Einfluß nicht entziehen, und ihr müssen wir uns stellen – dauernd! Vor diesem Hintergrund erhält der Ausruf, den wir alle kennen, einen Sinn: Das ist unmoralisch!

Aber was heißt »unmoralisch«, »moralisch«, »Moral« und »Ethik«? Wie kommt es, daß wir mit Aussagen über das Tun von Menschen immer eine Beurteilung abgeben, die dann irgendwie mit dem zusammenhängt, was man *Moral* nennt?

Das Wort *Moral* kommt aus dem Lateinischen: moralis = sittlich. Moral ist als ein System von sittlichen Grundsätzen und Regeln zu verstehen, das auf den geltenden Wertvorstellungen, auf der Religion bzw. Weltanschauung und der Überlieferung einer Gesellschaft beruht und dazu dient, das zwischenmenschliche Verhalten zu regeln und zu ordnen. Da es sich um unterschiedliche Gesellschaften und Kulturkreise handeln kann, ergeben sich ebenso unterschiedliche Moralen.

Denken wir hierbei nur an das Musterbeispiel des Kannibalismus oder an bestimmte Verhaltensweisen bei den Eskimos, die der Sicherung der Existenz der Sippe dienen, die für uns völlig unverständlich, ja unmoralisch zu sein scheinen. Beispiele lassen sich genug finden, die aufzeigen, wie höchst unterschiedlich Verhaltensweisen und Handlungen in verschiedenen Gesellschaften an verschiedenen Orten und zu verschiedenen Zeiten bewertet wurden und noch immer bewertet werden. Wissen wir, wie ein freier Naturmensch unsere Wohnsilos beurteilen würde?

Moral ist also immer mit dem verbunden, was in einer Gesellschaft als wertvoll, als sittlich gut betrachtet und an die Nachkommen überliefert wird. So ist es möglich, daß wir tatsächlich eine hohe Anzahl unterschiedlicher *Moralen* vorfinden. Es gehört nach Ansicht der Vertreter einer bestimmten philosophischen Theorie auch zum Wesen einer geltenden Moral, daß sie sich ändern kann, daß sie anpassungsfähig ist, wenn sie und damit der Verhaltenskodex nicht mehr geeignet ist, das Zusammenleben innerhalb der Gemeinschaft zu gewährleisten.

Auf welches Verhalten aber ist nun *Moral* gerichtet? Was fällt in ihren Zuständigkeitsbereich? Daß zum Beispiel bei uns rechts, in Großbritannien links gefahren wird im Straßenverkehr, ist schließlich keine Frage der Moral; daß man dagegen ein gegebenes Versprechen einhalten soll, gehört durchaus in ihren Bereich. Also soll zunächst einmal geklärt werden, womit Moral sich überhaupt befaßt.

Nehmen wir als Beispiele einmal folgende Tätigkeiten:

1. Peter hat seinen Führerschein zu Hause vergessen und fährt trotzdem mit seinem Auto.
2. Susanne macht sich das Frühstück.
3. Jemand betrügt einen anderen Menschen.
4. Ich zersteche die Reifen eines fremden Autos.
5. Er tritt beim Schalten des Autos die Kupplung.
6. Sie hilft einem Kranken.
7. Ein Sandkorn fliegt mir ins Auge, ich reibe das Lid.
8. Jemand quält einen Menschen seelisch.

Bei genauer Betrachtung stellen wir fest, daß die Tätigkeiten 3, 4, 6 und 8 in eine Gruppe zusammengefaßt werden können, weil sie bestimmte Gemeinsamkeiten aufweisen, die sie von den anderen Tätigkeiten unterscheiden: 1. Zunächst einmal sind in ihnen stets andere (wer oder was immer es sein mag) von der Tätigkeit betroffen. 2. Der Handelnde fügt diesem anderen entweder Leid/Schaden zu oder tut ihm etwas Gutes. 3. Die Tätigkeiten geschehen bewußt, gewollt. 4. Sie sind zielgerichtet. 5. Die Folge(n) ist (sind) bejaht oder werden in Kauf genommen.

Diese Kriterien sind wesentlich für die Entscheidung über die Zugehörigkeit von Handlungen in den Zuständigkeitsbereich der Moral. Denn entweder entsprechen sie bestimmten Regeln oder *Normen,* oder sie verstoßen gegen sie. Mit diesen *moralischen Normen,* die in einem bestimmten Kulturkreis Anerkennung und Geltung finden und die immer eine Aufforderung darstellen und ein *Sollen* zum Ausdruck bringen (nie ein unausweichliches *Müssen*), verfügen wir in der Regel über Hilfen a) als Handelnde, die eine Entscheidung hinsichtlich ihres eigenen Tuns treffen (soll ich ...?), und b) als Außenstehende, die die Handlung eines anderen Menschen beurteilen. Dabei ist letzteres besonders kompliziert und schwierig, wie wir noch sehen werden.

Nun stellt sich aber die Frage, ob wir denn *Moral* überhaupt brauchen, wo wir doch Gesetze und Paragraphen haben! Ich denke, wenn wir obige acht Tätigkeiten noch einmal betrachten, dann stellen wir fest, daß es in diesem Zusammenhang drei Arten von Handlungen gibt. Zum einen solche, die ausschließlich in den Zuständigkeitsbereich der Gesetze und Paragraphen, d. h. des Rechts, fallen (z. B. seinen Führerschein nicht bei sich zu haben; oder aber sein Haus an das Wassernetz der Stadt anschließen zu lassen; oder einen Neubau so zu konstruieren, daß bestimmte bauliche Auflagen erfüllt sind usw.). Diese Dinge haben nichts mit Moral zu tun, und wir bezeichnen sie hier als Gruppe **A.**

Daneben gibt es Handlungen, die sowohl in den Bereich des Rechts als auch den der Moral gehören. Zum Beispiel das Zerstechen fremder Autoreifen (Zerstörung fremden Eigentums) oder der Betrug an einem anderen Menschen. Diese Gruppe von Handlungen bezeichnen wir als **B.** Schließlich gibt es Handlungen der Gruppe **C,** die *nur* in den Bereich der Moral, nicht aber den der Gesetze fallen (jemandem helfen; jemanden seelisch zerstören usw.). Nehmen wir den Bereich von Handlungen, der von den Gesetzen erfaßt wird, als einen Kreis und den der Moral als einen zweiten, so ergibt sich folgendes Bild:

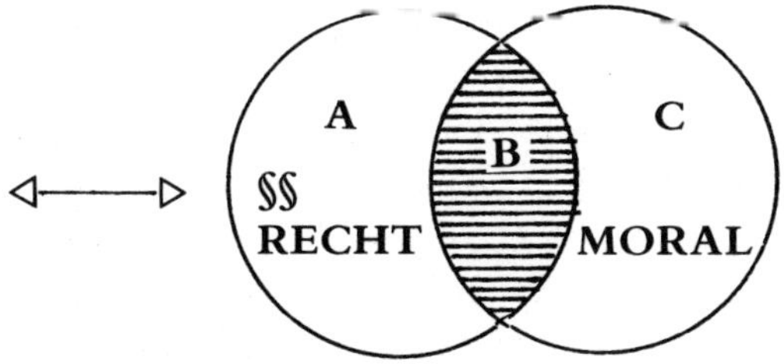

Wir ersehen aus dieser Skizze sofort, daß die Gesetze und Paragraphen natürlich nicht alles erfassen, daß gerade im sehr viel diffizileren Bereich des zwischenmenschlichen Miteinander, jenseits des Geltungs- und Wirkungsbereichs der Gesetze, die Moral gefordert und erforderlich ist. Gesetze drohen mit deutlichen und klaren Sanktionen, die vorher feststehen und die ihre Einhaltung sozusagen »einklagen«. Sie sind im Rechtlichen angesiedelt. Die meisten moralischen Normen weisen dieses Merkmal jedoch *nicht* auf und fordern lediglich, daß man dies oder jenes *soll* oder *nicht soll.* Ein Zwang besteht nicht. Auch die Sanktionen sehen hier im Falle eines Verstoßes anders (in der Regel weit harmloser) aus als bei Verstößen gegen die Gesetze.

In Gesetzen und Moral spiegelt sich natürlich auch das Wesen einer Gesellschaft wider, weil durch sie Wertvorstellungen zum Ausdruck gebracht und damit Wertigkeiten gesetzt werden. Und sie geben oft Anlaß zum Nachdenken und zu kritischem Hinterfragen. Wenn etwa jemand an einem fremden Auto mutwillig den Lack zerkratzt, dann wird er in der Regel (wenn er gefaßt wird) bestraft. Macht aber jemand einem anderen Menschen (als Lebenspartner, Mitarbeiter, Chef usw.) das Leben seelisch zur Hölle, so hat er nichts an vergleichbaren Sanktionen zu fürchten. Wie ist das möglich? Der Lack eines Autos kann doch keinen höheren Wert haben als ein menschliches Leben (Glück, Unglück)!

Gerade dieser Frage nach Werten und ihrer Rangfolge galt im Altertum bei den Griechen ein hohes Maß des Philosophierens. Heute setzen wir dies fort in der Wissenschaft vom sittlichen Handeln. Halten wir noch einmal fest: Es gibt eine Vielzahl von *Moralen,* aber es gibt nur *eine* Wissenschaft, die sich mit diesen unterschiedlichen Moralen befaßt, und das ist die *Ethik.* Sie wird, da sie sich mit dem praktischen Handeln, dem Miteinander der Menschen beschäftigt, auch als *praktische Philosophie* bezeichnet, im Unterschied zur *theoretischen Philosophie* (wie etwa der *Erkenntnistheorie*).

Wir erwähnten bereits die moralischen oder ethischen *Normen,* und es stellt sich die Frage, woher sie und damit auch die moralischen *Werte* überhaupt kommen. Hier unterscheidet man in der Philosophie zwei grundsätzlich voneinander verschiedene Auffassungen.

Die eine Position geht davon aus, daß diese *Werte* und *Normen* ewige Gültigkeit haben, daß sie ein vom Menschen völlig unabhängiges Sein führen und daß der Mensch sie lediglich erkennen und befolgen kann. Wir können dieses ideale Sein mit dem Sein des *Dreiecks,* des *Kreises* usw. gleichsetzen, das wir ja schon im vorigen Kapitel bei unseren erkenntnistheoretischen Überlegungen kennengelernt haben. Wir können die dort genannten Begriffe der Ideenwelt um die der moralischen Werte ergänzen. Nehmen wir einmal an, daß diese Theorie richtig sei, dann müßten natürlich auch alle Menschen zu allen Zeiten unabhängig davon, wo sie leben, dieselben Vorstellungen von »gut«, »böse«, »falsch«, »richtig« usw. haben. Daß das nicht so ist (und das kann man ja nicht leugnen), liegt nicht daran, daß es diese ewigen Werte nicht gibt, sondern vielmehr daran, daß die Menschen Fehler begehen und die Werte nicht richtig erkennen. Die Werte selbst sind, wie gesagt, unveränderlich. Was sich allerdings durchaus verändert, ist nach Ansicht der Vertreter dieser Theorie die jeweilige Perspektive der Menschen hinsichtlich der Werte. Sie erkennen teils diesen, teils jenen Aspekt der Werte und meinen irrtümlich, es seien jedesmal andere Werte. Dem ist aber nicht so!

Für den christlichen Kulturbereich sind darüber hinaus ethische Normen in Form der Zehn Gebote gegeben, die ja – und das ist charakteristisch, wie wir wissen – stets fordern: Du *sollst,* niemals: Du *mußt!* Sie lassen also immer die Möglichkeit offen, sich auch gegen sie zu entscheiden. Man nennt diese Art, Werte, Normen und Moral zu begründen, die *dogmatische,* weil hier absolut gültige Normen als dogmatisch, d. h. starr gesetzt und gegeben, angenommen werden.

Der Vorzug dieser Theorie könnte (wenn es denn ein Vorzug sein sollte) in der Einheitlichkeit, Unveränderlichkeit und überörtlichen sowie überzeitlichen Gültigkeit der Normen und damit der Gewißheit und Sicherheit für den Handelnden liegen.

Die andere Möglichkeit der Moral- und Normenbegründung ist die vernunftmäßige, die *rationale.* Sie lehnt die oben beschriebene Theorie ab. Die Philosophen dieser Richtung sind der Auffassung, daß ethische Normen und Werte von Menschen gesetzt werden, die dazu ihren Verstand benutzen. Normen sind veränderbar, *müssen* sogar veränderbar sein, weil es sehr unterschiedliche Bedingungen gibt, Rahmenbedingungen sozusagen, innerhalb derer sie allein angemessen und wirksam sein können. Dazu ist es erforderlich, daß sie eben nicht starr und dogmatisch, sondern flexibel sind. Darüber hinaus nehmen diese Denker auch eine sehr viel größere Selbständigkeit des Menschen an, indem sie ihm die Fähigkeit zubilligen, solche Normen selbst zu setzen, anstatt sie »vorgesetzt« zu bekommen und unreflektiert danach zu handeln. So ist diese philosophische Denkweise von einer Werte- und Normenvielfalt (Relativismus) gekennzeichnet.

Ich denke, daß hier der Vorteil besteht, daß auf äußere Veränderungen reagiert werden kann. Denken wir nur an unsere Gegenwart: Durch Naturwissenschaft und

Technik sind Handlungsmöglichkeiten geschaffen worden, die es bisher noch nie gab. Müssen dann nicht die Wertsetzungen und Normen von vor etwa 2000 Jahren überfordert sein, sind wir dann nicht veranlaßt, ein angemessenes *neues* Instrumentarium zu schaffen, das es uns ermöglicht, in der so grundlegend veränderten Situation zu entscheiden, zu handeln und zu beurteilen? (Wir werden auf diese Problematik an späterer Stelle noch ausführlich eingehen.)

Lieber Leser, wir haben schon mehrfach darauf hingewiesen, daß ethische Normen immer nur ein *Sollen* und kein *Müssen* ausdrücken. Wenn das zutrifft, dann müßte die Möglichkeit gegeben sein, entgegen diesem *Sollen* zu entscheiden und zu handeln.

Mit diesem Gedanken stehen wir bereits mitten in einer jahrhundertealten Diskussion, die von den Philosophen heftig geführt wurde und wird. Denn es geht um die Frage, ob der Mensch einen freien Willen hat und demzufolge wirklich selbst und frei entscheiden kann oder ob er durch Faktoren bestimmt ist wie zum Beispiel Erbmasse, Erziehung, Umwelt, aber auch durch den Zufall! Träfe letzteres zu, denn wäre der Mensch nicht frei in seinen Entscheidungen.

Die Position, die man bezüglich der Frage der *Willensfreiheit* einnimmt, ist entscheidend für die gesamte Sichtweise von Moral und Ethik. Deshalb ist es erforderlich, daß die beiden hier skizzierten Ansichten zumindest vorgestellt werden. Dabei mag jeder für sich einmal versuchen, die Frage nach der Willensfreiheit selbst zu beantworten.

Betrachten wir zunächst diejenige philosophische Theorie, die davon ausgeht, daß der Mensch einen freien Willen hat. Man nennt diese Position den *Indeterminis-*

mus. Das Wort ist lateinischen Ursprungs und setzt sich zusammen aus den beiden Elementen: in = Vorsilbe für Verneinung, und determinare = bestimmen, festlegen. »Indeterminiert« bedeutet also soviel wie »nicht vorbestimmt, nicht festgelegt«. Bei einer ganzen Reihe von Befragungen habe ich festgestellt, daß die Frage nach der Willensfreiheit im großen und ganzen mit einem überzeugenden *»Ja«* beantwortet wird. Das scheint irgendwie mit dem Anspruch des Menschen zusammenzuhängen, eine Sonderstellung einzunehmen als ein Lebewesen, das über allen anderen irdischen Lebewesen steht. Die Frage wird auch auf eine geheimnisvolle Weise mit dem zusammengebracht, was man als die Würde des Menschen bezeichnet; und damit geht sie unmittelbar »an unsere Substanz«!

Um dem Geheimnis der Willensfreiheit auf die Spur zu kommen, müssen wir noch einmal in die erkenntnistheoretische Thematik zurückgehen, weil *Erkenntnis* und *Wille* miteinander in einer wechselseitigen Beziehung stehen. Einerseits bedeutet die Tatsache, etwas zu *wollen,* daß ich etwas *erkannt* haben muß, ein Ziel, das ich durch mein Handeln zu verwirklichen beabsichtige. Ich richte mein Streben bewußt und zielorientiert auf das *Erkannte* aus.[1] Umgekehrt bedingt die Tatsache, daß ich etwas als erstrebens- und damit als wollenswert erkannt habe, daß ich mein Entscheiden und Handeln bewußt darauf ausrichte, es zu verwirklichen. Nehmen wir an, ich habe erkannt, was es bedeutet, Tischler zu sein, und stelle fest, daß dieser Zustand erstrebenswert ist, so ergibt sich, daß mein Wollen darauf ausgerichtet ist, das Erkannte (Tischler zu sein) mit meiner Person, meinem Ich iden-

[1] Vgl. Arno Anzenbacher, *Einführung in die Philosophie,* Herder, Wien, 1981, S. 250.

tisch werden zu lassen. Ich will also diese Identität herbeiführen, will Tischler werden.

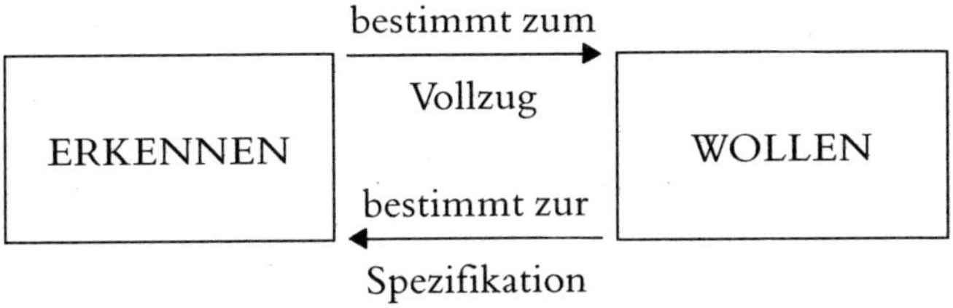

Es existiert demzufolge eine Energie in uns (Wille), die frei und ungebunden ist und mit unserem Verstand in einem engen Zusammenhang steht. Das oben beschriebene Wollen ist ein Vorgang, der sich x-mal abspielt, immer wenn wir vor einer Wahl stehen. Daß wir hier nicht schematisch Entscheidungen treffen *müssen,* sondern wirklich frei wollen können, begründen die Vertreter des Indeterminismus damit, daß wir vernunftmäßig abwägen, mögliche Folgen in unsere Vorüberlegungen einbeziehen können, daß wir Gefühle mit einbringen und sogar gegen besseres Wissen und gegen Emotionen entscheiden können. Jede Handlung ist unwiderruflich und verlangt von uns Entscheidung. Daß wir uns entscheiden, erfahren wir ständig. Der Mensch ist weit *mehr* als nur ein Objekt, das nach zwingenden Notwendigkeiten und aufgrund von Kausalität handelt, sagen die Indeterministen.

Lassen Sie uns frei – gerade in unserem Zeitalter – einmal über einen Roboter phantasieren, dem ein Programm eingegeben worden ist, nach dem er handelt. Ein solcher Roboter oder Computer entscheidet im Gegensatz zum Menschen fehlerfrei. Aber *er* kann ausschließlich im Rahmen des eingegebenen Programms, d. h. aufgrund von Notwendigkeiten und nach dem Prinzip der Kausalität, entscheiden. Deshalb kann er auch niemals im echten Sinne *moralisch* entscheiden, die Fakten abwägen, er hätte nichts mit Verantwortung und Ethik zu tun.

Gerade die Möglichkeit, Fehler zu machen, gehört aber mit zum Menschen als unvollkommenem Wesen. Deshalb liegt in dieser Möglichkeit, die man auf den ersten Blick wohl im allgemeinen als einen Nachteil empfindet, in Wirklichkeit ein Vorzug! Denn hier liegen die Ansatzpunkte für Einsicht und Vervollkommnung, für Reue, Bedauern, für Schuld und Verantwortung. Vor allem die beiden letztgenannten Begriffe können nur dann einen Sinn haben, wenn der Mensch aus freiem Willen heraus Entscheidungen trifft und dementsprechend handelt. Ohne den freien Willen wäre jede Moral und jede Ethik gegenstandslos.

Wenn das so einleuchtend und schlüssig klingt, wie steht es dann mit den Argumenten der Gegenposition, der *Deterministen?* Wie kann man eine solche philosophische Theorie begründen?

Man sollte dazu bedenken, daß auch der *Determinismus* nicht unabhängig vom Entscheidungsvermögen des Menschen ist (wenn auch in einem ganz anderen Sinn als der *Indeterminismus*) und daß er insbesondere auf der Grundlage der naturwissenschaftlichen Errungenschaften des 17. Jahrhunderts entstehen konnte. Man hatte in den Naturwissenschaften und den mechanistischen Wissensgebieten ungeahnte Fortschritte erzielt, die hinsichtlich der vorliegenden Problematik zu der grundlegenden Aussage führten:
Alles, was geschieht, ist durch unabänderliche Naturgesetze kausal bestimmt!

Das heißt, daß alles Geschehen einen erklärbaren Grund hat und daß es *so* geschehen *mußte,* wie es geschehen ist. Eine Alternative ist nicht möglich. Wir erkennen hier unschwer das Prinzip von *Ursache* und *Wirkung* wieder, das wir ja schon im vorigen Kapitel kennengelernt haben. Man sieht an diesem Beispiel, daß vom Bereich der Ethik stets Verbindungen zur Erkenntnistheorie und anderen Disziplinen herzustellen sind und daß die einzelnen Disziplinen innerhalb der Philosophie nie für sich alleine stehen, sondern sich gegenseitig ergänzen. Das ist eine außerordentlich wichtige Erkenntnis für das Verständnis der Philosophie insgesamt.

Wenn nun aber in der physikalischen Welt alles nach dem genannten Prinzip geschieht, dann muß dieses Prinzip nach Ansicht der *Deterministen* auch auf den Menschen, seine Entscheidungen und Handlungen bezogen werden. Denn der Mensch steht ja als Lebewesen in eben dieser physikalischen Welt. Und so wird nach dieser Auffassung eines ganz deutlich: Freien Willen *kann* es nicht geben, auch der Mensch ist durch Kausalitäten bestimmt, genauso wie die physikalischen Sachverhalte. Für Willensfreiheit bleibt kein Raum mehr.

In Weiterführung dieser Gedanken wird angenommen, daß der Mensch entscheidend von Motiven geleitet und bestimmt wird, die in seinem Inneren gegeneinander kämpfen und von denen sich das jeweils stärkste durchsetzt. Warum es im jeweiligen Fall gerade das stärkste ist, wissen wir nicht. Nehmen wir einmal an, jemand meint, aus freien Stücken, aufgrund seiner freien Entscheidung im Sinne eines Aussteigers alles hinter sich zurückzulassen und auf eine einsame Insel zu ziehen. Entscheidet er sich dafür, dann war das Motiv, ein gänzlich anderes Leben zu führen, dasjenige, das sich gegen alle anderen durchgesetzt hat als das stärkste, und er *konnte* letztlich gar nicht anders handeln. Bleibt er jedoch, dann hat sich das Motiv durchgesetzt, der Sicherheit zu folgen und kein Risiko einzugehen. Auch dann *mußte* er, nachdem *dieses* Motiv sich durchgesetzt hatte, so handeln. Von Willensfreiheit weit und breit keine Spur!

Oder wenn jemand meint, sich das Leben nehmen zu können, dann mag dem Motiv, es zu beenden, das Gegenmotiv, nämlich am Leben zu bleiben, als das stärkere entgegenstehen, und er ist dann einfach nicht in der Lage, den Schuß auszulösen. (Vgl. hierzu: ARTHUR SCHOPENHAUER [1788–1860], *Die beiden Grundprobleme der Ethik,* in: Sämtliche Werke Band III, Darmstadt 1968.) Schopenhauer strahlte eine sehr starke Wirkung auf FRIEDRICH NIETZSCHE (1844–1900) aus, der Schopenhauers Theorie vom Kampf der Motive weiterführte.

Nietzsche lieferte darüber hinaus eine weitere Theorie gegen die Willensfreiheit. In seiner hart geführten Auseinandersetzung mit dem Klerus vertrat er die Ansicht, daß im Menschen das Bedürfnis vorhanden sei, gegenüber anderen als Richter und Strafender aufzutreten. Dieses Bedürfnis hätten sich nach seiner Auffassung die Priester zunutze gemacht und den Menschen von alters her etwas eingeredet, was überhaupt nicht der Wahrheit entspreche; nämlich, daß sie einen freien Willen hätten, daß alles, was sie tun würden, aus diesem freien Willen heraus geschehe. Die logische Konsequenz daraus sei, daß die Menschen für das, was sie *»freiwillig«* täten, auch verantwortlich seien und, wenn es etwas Böses sei, zwangsläufig schuldig würden. Wenn wir aber schuldig geworden seien, dann träten die Priester und im Jenseits, das sie ebenfalls erfunden hätten, ein Gott auf und nähmen sich das Recht, die Menschen zu strafen.

Auf diese Weise konnte man nach Nietzsches Auffassung auf der Grundlage der »Lüge vom freien Willen« (der Autor) die Menschen gefügig machen und auf Dauer folgsam halten. Insbesondere die Furcht vor einer ungewissen, ewigen Strafe in einem unbekannten Jenseits erweist sich nach Nietzsche als besonders wirksam.[1]

Was er dagegenstellt, ist die Lehre von der Vorbestimmtheit des Menschen durch Kausalität und Zufall. Schuld und Verantwortung sind Begriffe, die er ablehnt, weil niemand für das verantwortlich sein kann, was er tut, da er es nicht aus freiem Willen tut, sondern gar nicht anders *kann!*

Insbesondere die Auffassung, daß wir vom »blindwütigen Zufall« bestimmt werden, hat durchaus etwas Nachdenkenswertes an sich. Stellen wir uns vor, ein Kollege lädt uns an einem bestimmten Tag aus einer Laune heraus abends noch zu einer Tasse Kaffee ein. (Hier treffen schon mehrere Zufälle zusammen: die Tatsache an sich, die Laune, das Datum, die Uhrzeit.)

Auf dem Weg zu seinem Haus werden wir von einem Auto angefahren und verletzt. Auch hier treffen mehrere Zufälle zusammen: a) Der Autofahrer ist Raucher; b) ihm waren die Zigaretten ausgegangen, daher wollte er eigentlich vor einer Stunde schon neue holen; c) durch Zufall betätigte er jedoch im Hinausgehen kurz den Einschaltknopf seines Fernsehers und sah, daß ein Fußballspiel übertragen wurde; d) er schaute sich das Spiel an, in dessen Verlauf es einige Unterbrechungen gab, so daß die Minuten nachgespielt werden mußten, e) der Zigarettenautomat zwei Häuser weiter war defekt; f) der Mann fuhr mit dem Auto zu einem anderen Automaten; g) er traf aufgrund der Ereignisse genau in der Sekunde

[1] Vgl. Friedrich Nietzsche, *Götzen-Dämmerung,* Hanser, München, 1956.

mit uns an der Kreuzung zusammen, so daß der Unfall passierte.

Fügung? Zufall? Freier Wille? – Unsinn?? Auf jeden Fall bietet sich hier reichlich Stoff zum Nachdenken.

Neben der Problematik, woher ethische Normen und Werte kommen, und der Thematik der Willensfreiheit ist in der Ethik ein weiterer Bereich von großer Bedeutung. Hier geht es um die Frage, wann denn eine Entscheidung und eine Handlung moralisch gut sind. Wir werden im folgenden der Einfachheit halber nur noch von Handlung sprechen, meinen damit aber auch die Entscheidung, die ihr vorausgeht. Auch in dieser Frage – wie könnte es anders sein – gibt es wieder sehr unterschiedliche philosophische Theorien.

Ich denke, daß wir im Alltag normalerweise dann sagen, eine Handlung sei moralisch gut, wenn sie einem anderen Menschen zum Guten dient, wenn sie ohne Rücksicht auf eigene Nachteile geschieht, also das Kriterium der Selbstlosigkeit erfüllt. Hierin stecken einige nachdenkenswerte Forderungen: Die Handlung muß einem *anderen* dienen, ich muß *meine* Person und Interessen hintanstellen, und es ist in aller Regel so etwas wie ein *Opfer* erforderlich, damit die Handlung wirklich »gut« ist.

Dazu ist nun einiges zu sagen. Zunächst einmal gilt es, grundsätzlich zwischen zwei Arten philosophisch-ethischer Sichtweisen zu unterscheiden, bei deren einer die Betrachtung des Ergebnisses, der wahrscheinlich eintretenden Folgen im Vordergrund steht, während bei der anderen die Frage der Gesinnung zum Kernpunkt wird. In der Philosophie spricht man im ersten Fall von *Erfolgs-*, im zweiten von *Gesinnungsethik.*

Für den *Erfolgsethiker* – um dies zu verdeutlichen – ist

es entscheidend, *daß* jemand seine Steuern bezahlt. Ob dies hoch erfreut oder zähneknirschend erfolgt, ist ihm gleichgültig.

Der Gesinnungsethiker dagegen fragt sehr wohl danach, aus welcher Gesinnung heraus, mit welcher Einstellung jemand seiner Pflicht nachkommt. Sie steht für diesen Ethiker im Vordergrund.

Lassen Sie uns mit der erstgenannten Sichtweise beginnen. Man kann natürlich sehr unterschiedliche Ziele mit einer Handlung verfolgen, je nachdem, was man für erstrebenswert erkannt hat. Das kann reiner Lustgewinn in körperlicher wie in geistiger Hinsicht sein, das kann ein bestimmter (oder sogar der höchste) Wert sein, der um seiner selbst willen angestrebt wird, es kann Glück sein usw. Wir wollen uns nun vor allem auf eine ethische Position beschränken, nach der die Menschen grundsätzlich von zwei Faktoren beherrscht werden: *Freude* und *Leid.* Wir können beide Begriffe ergänzen und sagen: Angenehmes und Unangenehmes, wobei wir beides auf keinen Fall nur auf den körperlichen Bereich beschränken dürfen, sonst gibt es entscheidende Mißverständnisse.

Ich denke, kein vernünftiger und ehrlicher Mensch wird leugnen, daß wir bestrebt sind, Angenehmes in unserem Leben zu erlangen und Unangenehmes zu vermeiden. Das erscheint mir so natürlich und auch legitim, daß man es wohl kaum diskutieren muß. Damit haben wir schon einen wesentlichen Grundstein für unsere ethische Position gefunden. Auf ihm bauen wir auf, indem wir die gewonnene Erkenntnis verallgemeinern und als Tatsache für die Bewertung von Handlungen in den Bereich der Ethik herübernehmen.

Dann ist die Frage, ob eine Handlung dazu tendiert, Freude/Angenehmes oder Leid/Unangenehmes zu bringen, der Maßstab für Befürwortung oder Ablehnung, für richtig oder falsch. Das Instrument, mit dem diese Entscheidung gefällt wird, ist die *Vernunft.* Der Grundsatz dieser ethischen Lehre lautet: Eine Handlung ist dann moralisch gut, wenn ihr die Tendenz innewohnt, das Glück zu vermehren oder das Leid zu vermindern.

Bezieht sich dieser Grundsatz ausschließlich auf den Handelnden selbst, dann sprechen wir vom *Egoismus;* bezieht er sich aber auf die *größtmögliche Anzahl* von Menschen, dann sprechen wir vom *Sozial-Utilitarismus.* Die Bezeichnung kommt, wie so viele, aus dem Lateinischen, wo »utilis« nützlich bedeutet. Eine Handlung im obigen Sinne ist also der Verwirklichung des Glückes nützlich.[1] Mir scheint diese Lehre sehr wirklichkeitsnah und nicht so theoretisch wie manche andere. Man kann sie sehr gut nachvollziehen. Daß sie trotzdem teilweise mißverstanden wird, liegt wohl daran, daß man nicht genau hinschaut. So lautet ein Vorwurf, daß der *Utilitarist* dazu neige, die eigenen Ziele, das eigene Glück in den Vordergrund zu rücken. Dies ist nicht richtig. Im Gegenteil! Wenn ich dem Wohl, dem Glück, dem Nutzen der größtmöglichen Anzahl von Menschen zu dienen bemüht bin, kann es sogar sehr leicht geschehen, daß ich gegen meine eigenen Interessen entscheiden muß![2]

Auch der Vorwurf, *nur* das Ergebnis zähle, trifft nicht zu. Denn es heißt ja nicht, daß diejenige Handlung die richtige ist, die den größtmöglichen Nutzen *erbringt,* sondern daß die Handlung die bessere ist, der die *Tendenz* innewohnt, diesen Nutzen zu fördern. Das ist ein Riesenunterschied, denn *»Tendenz«* bedeutet hier soviel wie

---

[1] Väter dieser Lehre sind in der Neuzeit u. a. JEREMY BENTHAM (1748–1832) und JOHN STUART MILL (1806–1873).

[2] Vgl. JOHN STUART MILL, *Der Utilitarismus,* Reclam, Stuttgart, 1976.

»nach normalem menschlichem Ermessen«. Der Begriff beinhaltet sogar – und das ist außerordentlich wichtig – die Möglichkeit, daß das Ergebnis anders eintritt, als zu erwarten war. Der Handelnde braucht, ja er kann kein Hellseher sein!

Nehmen wir an, jemand besitzt einen Campingbus, den er zur Zeit nicht benötigt und deshalb einer Nachbarsfamilie, die sich ansonsten keinen Urlaub leisten kann, zur kostenlosen Verfügung stellt. In diesem Fall wird wohl jeder ohne Zögern zustimmen, daß diese Handlung moralisch gut ist, denn ihr wohnt die Tendenz inne, der Familie Gutes zukommen zu lassen, ihr Glück zu mehren. Daran wird sich auch dann nichts ändern, wenn die Familie mit dem Campingbus verunglückt und etwa die Mutter zu Tode kommt. Dieses Ergebnis ist furchtbar und höchst tragisch, war aber nicht vorauszusehen. Die ursprüngliche Absicht und Tendenz sah anders aus. Deshalb würde in einem solchen Fall kein vernünftiger Mensch aus den unvorhersehbaren Folgen einen Vorwurf ableiten. Die Handlung *an sich* war gut, obwohl es das Ergebnis letztlich nicht war.

Das hier geschilderte Kriterium gilt es zu berücksichtigen, wenn man dieser ethischen Richtung gerecht werden will; einer Ethik, die aus verständlichen Gründen gerade in der Gegenwart wiederentdeckt wird und großen Zuspruch erfährt. Wir werden hierauf an späterer Stelle noch näher eingehen.

Auch der häufig kritisierte Begriff der »größtmoglichen Zahl« kann eigentlich gar keinen Anlaß zur Diskussion geben. Denn sie ist proportional zu den Möglichkeiten des Handelnden. Muß ich beispielsweise eine Entscheidung treffen, die nur auf meine vierköpfige Familie bezogen ist und auf andere keine nennenswerten Auswirkungen hat, dann geht es hier natürlich nur um die größtmögliche Zahl von drei Personen außer mir. Wirkt meine Handlung (z. B. der Bau eines Chemiewerkes) auf Tausende von Menschen, dann sind sie, eventuell sogar Millionen noch ungeborener, aber betroffener Nachkommen, die größtmögliche Zahl! Das zeigt, daß der Utilitarismus nicht nur im großen, sondern auch im kleinen Rahmen der Verantwortlichkeit wirksam ist.

Man kann in der Ethik aber auch einen völlig anderen Ansatzpunkt wählen und ausschließlich von der Frage der Gesinnung ausgehen. Dann steht die Auseinandersetzung um die innere Einstellung, aus der heraus eine Handlung vollzogen wird, im Vordergrund. Und ich denke, daß hier besonders deutlich wird, daß Ethik und Willensfreiheit untrennbar miteinander verbunden sind. Denn eine Handlung kann nur dann gut oder schlecht im moralischen Sinne sein, wenn sie *freiwillig* geschieht. Demzufolge sind auch alle Gesinnungsethiker Indeterministen, bejahen also eindeutig die Willensfreiheit. Auch bei dieser ethischen Theorie steht uns wieder die Vernunft als Entscheidungs- und Beurteilungskriterium zur Verfügung, sowohl für die eigenen als auch die Handlungen anderer.

Ich möchte Sie, lieber Leser, an dieser Stelle gerne mit zwei Ansichten vertraut machen, die zwar beide in die Gruppe der indeterministischen Theorien gehören, aber ganz unterschiedlich in ihren Ansätzen sind. Es handelt sich um die Lehren des deutschen Philosophen Immanuel Kant und des Franzosen Jean Paul Sartre.

Immanuel Kant (1724–1804) teilt alle Handlungen, die es gibt, in drei Gruppen: die pflichtwidrigen, die pflichtgemäßen und die aus Pflicht. Schon aus dieser Unterteilung geht deutlich hervor, daß er ein Befürworter der Willensfreiheit ist, denn sonst hätte diese Unterscheidung überhaupt keinen Sinn. Über die ersteren brauchen wir, glaube ich, nicht weiter zu sprechen, weil hier der Sachverhalt klar und eindeutig ist.

Komplizierter und sehr viel interessanter wird es aber schon bei der zweiten Gruppe von Handlungen, den *pflichtgemäßen.* Hierunter fallen diejenigen Handlungen, die man zum einen aus Pflicht, zusätzlich aber auch noch gerne tut, für die man sozusagen eine Neigung empfindet. Lassen Sie uns dies an folgendem Beispiel verdeutlichen: Jemand nimmt seinen kranken Bruder in sein Haus auf und pflegt ihn bis zu dessen Tode. Spontan und ohne zu zögern würden wir dies als eine gute und moralisch hochstehende Tat bezeichnen. Kant aber würde hier sagen: »Halt, nicht so voreilig!« Denn nach seiner Auffassung können im vorliegenden Beispiel zwei Möglichkeiten auftreten. Es wäre denkbar, daß der Mann seinen Bruder aus dem Grunde pflegt, weil er es als seine Pflicht empfindet und dieser Pflicht nachkommen will. Nehmen wir nun weiter an, er liebt seinen Bruder sehr und hat zusätzlich zu der erkannten Pflicht auch noch eine innere Neigung, ihn zu pflegen, das heißt, er tut es *gerne,* dann – so sieht Kant es – pflegt er den Bruder *auch,* um dieser Neigung zu entsprechen. Und solch eine Handlung, die aus den *beiden* genannten Gründen erfolgt, ist nach Kant durchaus wünschenswert, richtig und sehr wichtig, nur: rein moralisch gesehen, hat sie, so positiv sie auch sein mag, keinen wahren und hohen sittlichen Wert.[1]

Das müssen wir erst einmal verarbeiten, denke ich. Denn hier regt sich spontaner innerer Widerspruch. Aber eine genauere Betrachtung dessen, wie Kant das meint, ermöglicht uns sicherlich das richtige Verständnis. Denn

---

[1] Vgl. Immanuel Kant, *Grundlegung zur Metaphysik der Sitten,* Meiner, Hamburg, S. 10 ff.

Kant geht davon aus, daß eine moralisch wirklich hochstehende Handlung auf keinen Fall mit der Befriedigung einer Neigung (eines eigenen Wunsches und Bestrebens) einhergehen darf. Sonst wäre ja zumindest nicht auszuschließen, daß der Betreffende gar nicht aus wirklicher Einsicht in seine Pflicht handelt, sondern um einen persönlichen inneren Wunsch (Trieb) zu befriedigen. Wer wollte hier wirklich entscheiden, welcher Grund den Betreffenden zu seiner Handlung veranlaßt, wenn es zwei davon gibt?

Daher muß der Handelnde von allen – und seien sie noch so vage – vorhandenen Neigungen frei sein, muß sozusagen von ihnen emanzipiert sein und aus reiner Befolgung, aus purer Achtung der erkannten *Pflicht* handeln. Das kann aber immer nur dann geschehen, wenn eben *keine* Neigungen im Spiele sind.

Pflegt also in unserem Beispiel der Mann seinen Bruder, obwohl er ihn haßt und obwohl es ihn Tag für Tag eine entsetzliche Überwindung kostet, *dann* handelt er aus reiner Pflicht und damit moralisch wertvoll.

Etwas Gutes tun, wenn man es ohnehin gern tut, das erfüllt nicht das Kriterium eines besonders hohen moralischen Wertes. Aber etwas tun, obwohl man sich überwinden muß, das ist moralisch wertvoll. Ich glaube, man muß hierüber in aller Ruhe nachdenken und vor allem noch mehr über Kants Lehre nachlesen.

Auch der Franzose JEAN PAUL SARTRE (1905–1980) vertritt, wie schon angemerkt, das Prinzip der Willensfreiheit, wenn auch aus ganz anderen Gründen und mit völlig anderen Absichten als Kant. Er geht in seiner Theorie davon aus, daß es keinen Gott gibt. Damit ist diese Lehre atheistisch. Das Wort kommt aus dem Griechischen: theos = Gott; a = Verneinung; atheistisch =

gottverneinend. Außerdem lehnt Sartre auch jegliche Art von idealem Sein ab.[1]

Der Mensch wird geboren und ist zunächst einmal nichts als ein winziges körperliches Lebewesen, ein biologischer Organismus. Alles, was er in seinem Leben wird und was ihn schließlich als Menschen auszeichnet, das macht er selbst aus sich. Hier wird klar und verständlich, warum diese Lehre die Existenz eines Gottes ablehnt, der den Menschen nach seinem Willen und nach seinem Vorbild geschaffen hat. Damit wäre der Mensch eben *nicht* frei, sondern im Grunde nach Sartres Auffassung schon determiniert, vorbestimmt.

Auch jegliche Art von Jenseits wird nach dieser Theorie verneint, und so kann es auch keine Bestrafung oder Belohnung in einem Leben geben, das nach dem irdischen Dasein kommt. Dieses Bestrafungs-und-Belohnungs-Prinzip ist insofern für diese Theorie von Wichtigkeit, weil es nach ihr moralisch wertlos ist, so oder so zu handeln, wenn dieses Handeln aus der Angst vor Bestrafung oder der Hoffnung auf Belohnung heraus geschieht. Eigentlich sollten solche Motive seit der Kindheit des einzelnen Menschen überwunden sein. Bejaht man aber dieses Prinzip und überträgt es sogar in ein Jenseits, dann beläßt man den Menschen in der Situation, in der er sich bereits in seiner Kindheit befand, und er wird nie mündig, erwachsen und autonom.

Man mag sich nun fragen, wie jemand leben und zurechtkommen kann, wenn er überzeugt davon ist, daß es kein Jenseits gibt und damit auch keine Hoffnung auf ein Weiterleben nach dem Tode. Man kann sogar noch weiter fragen, was einen Menschen, der von dieser Lehre

[1] Vgl. JEAN-PAUL SARTRE, *Ist der Existentialismus ein Humanismus,* in: Drei Essays, Ullstein, Frankfurt/Main, 1986, S. 7–51.

überzeugt ist, veranlaßt, sich moralisch korrekt zu verhalten und nicht zu »hausen wie die Axt im Walde«. Was bringt solch einen Menschen dazu, nicht auf Biegen und Brechen egoistisch seinen Vorteil zu suchen und durchzusetzen, sondern verantwortungsvoll im Miteinander zu leben? Sartres Antwort: die vernunftmäßige Einsicht in die Notwendigkeit eines geregelten, geordneten Daseins, die Achtung vor dem anderen als ebenbürtigem Menschen und die freie Entscheidung eines mündigen und autonomen Wesens. Er selbst hat, soweit man dies als Außenstehender beurteilen kann, diesem Prinzip seiner Lehre getreu gelebt.

Lieber Leser, lassen Sie uns nun, nachdem wir einige grundlegende und sehr wichtige philosophische Theorien im Bereich der Ethik kennengelernt haben, einmal über Probleme der Gegenwart und auch der Zukunft nachdenken, die sich für unsere und die nachfolgenden Generationen stellen und die in erster Linie Probleme der Ethik sind. Diese Überlegungen sind von so großer Bedeutung, daß ich es für angemessen halte, ihnen ein eigenes Kapitel zu widmen.

7. Dürfen wir, was wir können (werden)?

Wir haben bereits darüber gesprochen, daß der Mensch seit jeher darum bemüht ist, seine Lebenssituation zu bewältigen, ihn bedrängende Fragen der physikalischen und nichtphysikalischen Bereiche zu klären, Wissenschaft zu betreiben und zu forschen. Schon seit Urzeiten ist er um Erkenntnis, um Wissen und Fortschritt bemüht.

Das Vertrackte dabei ist nur, daß sich aus der Beantwortung bestehender Fragen und der Bewältigung vorhandener Probleme in dem Maße immer wieder neue Fragen und Probleme ergeben, in dem der Fortschritt des Wissens seinen Lauf nimmt. Oft sind die sogenannten Folgeprobleme, die aus den Ergebnissen von Wissenschaft und Fortschritt resultieren und die sich sozusagen zwangsläufig ergeben, noch größer als die ursprünglichen.

Wenn wir die Situation genau betrachten, stellen wir fest, daß hier zwei große Bereiche aufeinandertreffen, die zwar in ihrem Wesen und ihren Aufgabenstellungen sehr unterschiedlich sind, die aber für den Menschen als das handelnde Wesen untrennbar miteinander verknüpft sind:

a) Wissenschaft und Technik (Möglichkeiten)
b) Ethik; Philosophie

Die Diskrepanz zwischen diesen beiden Bereichen liegt in ihren unterschiedlichen Aufgabenstellungen begründet. Die Einzelwissenschaften befassen sich, wie wir wissen, mit den ihnen jeweils unmittelbar zugehörigen Bereichen, wobei die angrenzenden einzelwissenschaftlichen Gebiete mitberücksichtigt werden, aber vorrangig die eigene Disziplin »nach vorne gebracht wird«. Generell aber sind – und das entspricht durchaus den Zielsetzungen – die Wissenschaftler jeder Einzelwissenschaft darum bemüht, in *ihrer* Disziplin zu möglichst umfassenden und weiterführenden Kenntnissen und Ergebnissen zu gelangen, also so weit wie möglich in bisher unerforschtes Gebiet vorzudringen. Gegen dieses Vorhaben ist zunächst nichts einzuwenden.

Anders die Philosophie. In ihr geht es um das Ganze dessen, was überhaupt existiert, um die Hintergründe des Seins ganz generell, um Sinn und Zweck. In den Einzelwissenschaften geht es in erster Linie nicht um theoretisches Wissen, das um seiner selbst willen angestrebt wird, sondern Ziel ist die praktische Anwendung dessen, was in Naturwissenschaften und Technik erforscht wird. In dem Augenblick aber, wo es um die Anwendung und damit um den praktischen Bereich geht, gehört die Erörterung dieser Möglichkeiten auch in den Bereich der Philosophie. Denn sie ist es schließlich, die sich mit der problematischen Frage auseinandersetzt, ob wir das, was wir können, auch dürfen. Das heißt, daß hier die Fragen von Verantwortung und Rechtfertigung diskutiert und geklärt werden müssen.

In dieser Hinsicht wird auch unter den Naturwissenschaftlern und Technikern die Diskussion rege geführt, und die einen vertreten die Auffassung, daß es dem Wissenschaftler nur und ausschließlich darum gehen kann und soll, in seinem Fachgebiet zu möglichst vielen neuen und weiterführenden Ergebnissen zu gelangen. Die Ergebnisse, die er anschließend der Gesellschaft zur Verfügung stellt, unterliegen damit nach Auffassung dieser Wissenschaftler nicht mehr seiner Verantwortlichkeit. Vielmehr sind es dann die Politiker, die als die Ausführenden und von der Gesellschaft beauftragten Verantwortlichen über die Anwendung zu entscheiden haben. Demgegenüber vertreten andere Wissenschaftler und vor allem auch Philosophen die Ansicht, daß der Wissenschaftler und Techniker stets und immer *auch* für das Produkt seines Forschens und dessen Anwendung Verantwortung trägt. Zwar kann diese Verantwortung vernünftigerweise nur so weit reichen, wie auch die Voraussehbarkeit gegeben ist. Auch hier wird von keinem Wissenschaftler verlangt, daß er Hellseher sei, aber im Rahmen der ihm möglichen Einblicke (auch in die Zukunft) muß er nach Auffassung dieser Denker bereit sein, Verantwortung zu tragen.

Die ganze Problematik dieser Diskussion wird am Beispiel Oppenheimers deutlich, dem »Vater« der ersten Atombombe. Als man ihn befragte, was er empfunden habe, nachdem *seine* Bombe abgeworfen und detoniert war, antwortete Oppenheimer: »Ich war erschüttert, tief erschüttert.« Oppenheimer bezog sich hier offensichtlich auf die über 70000 Toten und das Leid und die Tragik dieses furchtbaren Ereignisses. Als man ihm dann vorhielt, es sei doch in höchstem Maße schizophren, auf der einen Seite den optimalen Detonationspunkt zu berechnen, die Höhe, in der die Bombe explodieren muß, um ihre maximale Wirkung zu haben, die äußeren Verhältnisse wie zum Beispiel Bodenbeschaffenheit, Temperatur usw. zu ermitteln und andererseits, nachdem die Bombe entsprechend diesen Berechnungen abgeworfen worden ist, zu sagen, man sei erschüttert, wies Oppenheimer diesen Vorwurf von sich und sagte, die Berechnungen habe er als *Physiker* angestellt. Die Erschütterung dagegen habe ihn als *Mensch* erfaßt![1]

Sie erinnern sich, lieber Leser, ich wies bereits auf den wissenschaftlichen und den ethischen Bereich als die Komponenten hin, die in der vorliegenden Problematik aufeinanderprallen, die jedoch im Handeln des Menschen untrennbar sind. Ich meine, hier haben wir ein tragisches Beispiel und einen deutlichen Beweis für diese Feststellung.

Nun forscht der Mensch aber nicht erst seit heute, und die Wissenschaften gibt es auch nicht erst seit dem 20. Jahrhundert. Deshalb sind die Fragen interessant und entscheidend:

Was ist heute *anders als in der Vergangenheit?*
Was hat die Situation so entscheidend verändert?

Und sie *ist* entscheidend verändert!

Werfen wir daher einen Blick darauf, wie die Situation bezüglich der Handlungsmöglichkeiten und ihrer ethischen Beurteilung in der Vergangenheit aussah:

In der bisherigen, der tradierten Ethik war es immer so, daß man das Handeln und damit auch die Ethik ausschließlich auf den Menschen bezog. Das heißt, der Betroffene war nach dieser Vorstellung *immer* ein Mensch, die Ethik war also anthropozentrisch. Der Mensch stand als Handelnder, insbesondere aber als Betroffener im Mittelpunkt. Darüber hinaus waren die räumliche und auch die zeitliche Nähe der Handlung und ihrer Folgen entscheidendes Kriterium. Das heißt, aufgrund der bestehenden Möglichkeiten, über die der Handelnde ver-

[1] Vgl. H. Kipphardt, *In der Sache J. R. Oppenheimer,* Suhrkamp, Frankfurt/Main, 1964.

fügte, waren die Auswirkungen immer auf einen bestimmten Bereich begrenzt, den sogenannten Nahbereich. Gleiches galt auch für die zeitliche Komponente. Der Handelnde und der Betroffene lebten stets in derselben Gegenwart. Deshalb war auch die gesamte Ethik in der Vergangenheit auf diese drei entscheidenden Komponenten bezogen. Hierfür war sie ausgelegt, und hierfür – dies kann man ohne weiteres feststellen – genügte sie auch.

Wenn wir nun in die Gegenwart zurückkehren, dann stellen wir jedoch sofort fest, daß sich auf der Grundlage wissenschaftlicher und technischer Errungenschaften genau diese Handlungs*möglichkeiten* entscheidend verändert haben! Und zwar haben sie sich bezüglich ihrer Auswirkungen so nennenswert verändert. Wir sind heute nicht nur in der Lage, mehr Dinge zu tun als in der Vergangenheit, sondern wir können heutzutage auch Dinge tun, die von ganz entscheidend anderem Charakter, anderer Qualität sind, weil eben die Auswirkungen so viel weiterreichend sind im Vergleich zu den herkömmlichen Möglichkeiten.

Die Überschrift dieses Kapitels lautet: »Dürfen wir, was wir können?« Und die Frage ist jetzt: »Was können wir denn?«

Nun, wir können zum Beispiel im militärischen Bereich unsere gesamte Welt x-mal vernichten, wir können mit den vorhandenen ABC-Waffen (atomare, biologische, chemische) sämtliches Leben auslöschen, wir können unseren Planeten zu einem toten Planeten machen Solche Möglichkeiten hat es in der Geschichte der Menschheit und der Erde noch nie gegeben! Wir können aber auch mit den sogenannten konventionellen Waffen ein schier grenzenloses Feuer entfachen, das den gesamten Erdball umfaßt.

Auch im nichtmilitärischen Bereich, wie zum Beispiel

der Energiegewinnung, können wir nach Belieben Raubbau treiben, können völlig neue Energiegewinnungstechniken anwenden und Möglichkeiten ausschöpfen, an die man früher noch nicht einmal zu denken wagte. Nehmen wir hier zum Beispiel nur die Kernenergie, die als die sauberste Art der Energiegewinnung bezeichnet wird. Man mag dafür oder dagegen sein – und für beide Positionen gibt es reichlich Gründe –, so kann man jedoch die Folgeprobleme dieser Energieform nicht leugnen. Und das ist neben der ständig bestehenden Gefahr, die wir in der jüngsten Vergangenheit (Tschernobyl) kennenlernen mußten, das Problem der Entsorgung des radioaktiven Materials. Stellen wir uns vor, was es bedeutet, wenn »entsorgtes« Material noch in 16000 Jahren radioaktiv strahlt! Das ist achtmal die Zeit von Christi Geburt bis heute! So lange und länger müssen die Nachfolgegenerationen die Auswirkungen dessen, was wir heute veranlassen, tragen.

Wir können auch – und sind kräftig dabei – die gesamte Umwelt und damit den Lebensraum und die Lebensbedingungen für alle Formen organischen Lebens entscheidend beeinflussen beziehungsweise zerstören (und zwar ebenfalls im nichtmilitärischen Bereich). Wir kennen alle die Probleme wie:

- Müllbeseitigung
- Ozonloch
- Luftverschmutzung
- Treibhauseffekt
- Gewässerverschmutzung (Nordsee!)
- Waldsterben
- bedrohte oder bereits ausgerottete Tierarten

Hier verfügen wir über so gewaltige Möglichkeiten, daß es unfaßbar scheint, wie der Mensch in der so relativ kurzen Zeit seiner Existenz auf diesem Planeten zu solchen »Leistungen« fähig werden konnte. Aber all das *können* wir! Das Tragische und Verblüffende ist jedoch, daß tagtäglich trotz besserer Einsicht, trotz des Wissens um die ständig voranschreitende Vernichtung ganz offensichtlich Motive bestehen, die Menschen veranlassen, eben nicht entsprechend dieser Einsicht zu handeln, sondern gegen besseres Wissen so weiterzumachen wie bisher. Dieser Vorwurf trifft die Verantwortlichen in Politik und Wirtschaft, aber auch den sogenannten Durchschnittsbürger. Hier können in der Tat nur dann positive Veränderungen erreicht werden, wenn eine Bewußtseinsänderung erzielt werden kann, die ganz offensichtlich nicht von oben nach unten, sondern von der sogenannten Basis ausgehend nach oben wirksam werden muß. Wir werden auf diesen Problembereich, in dem die Frage von Macht und Machtverhältnissen eine wesentliche Rolle spielt, am Ende dieses Kapitels noch näher eingehen. Die bisher genannten Handlungsmöglichkeiten und Gefahren sind von der Art, daß sie für die Öffentlichkeit beobachtbar und feststellbar sind. Atombombenversuche, riesige Waldrodungen, der Bau von Kernkraftwerken, all das sind Vorgänge, die sich – zumal heute, in der Zeit der sofortigen und weltweiten Informationsverbreitung durch die Medien – vor den Augen der gesamten Welt abspielen.

Daneben gibt es jedoch nicht weniger beängstigende und folgenschwere Problembereiche, die sich nicht in vergleichbarem Maße öffentlich abspielen, sondern zum großen Teil in den exklusiven Forschungsbereich von Wissenschaft und Technik gehören. Der Durchschnittsbürger weiß in der Regel sehr wenig über diese Problemfelder. Gerade deshalb möchte ich hier als Beispiel die

Gentechnologie herausgreifen und sie sozusagen stellvertretend erörtern.

Gentechnologie – was heißt das eigentlich? Wir müssen zum besseren Verständnis hier einen kurzen, aber unverzichtbaren Abstecher in die Biologie machen, bei dem die grundsätzlichen Sachverhalte erläutert werden, um einen Einblick in die Gesamtzusammenhänge zu gewinnen.

Wir wissen heute eine ganze Menge über die Bausteine des Lebens, über die Träger des Erbmaterials und über die Vererbung. Wir können sogar schon ziemlich genau sagen, welche Teile in den sogenannten DNA-Strängen für welche Merkmale des Lebewesens zuständig sind. Gehen wir zunächst einmal von diesen DNA-Strängen aus. DNA steht als Abkürzung für Desoxyribonukleinsäure. Nukleinsäuren sind hochmolekulare Verbindungen, die nach ihrer Teilung in Zucker, organische Stickstoffbasen und Phosphorsäure zerfallen. Diese DNA kann als der Träger der genetischen Information bezeichnet werden. Jede DNA besteht aus zwei Polynukleotid-Strängen, die über Basen strickleiterartig zu einem Doppelstrang miteinander verknüpft sind. Sie sind dabei schraubenartig gedreht und geben das Bild einer sogenannten Doppelhelix-Struktur ab.

In jeder DNA gibt es vier verschiedene Basen, die sich immer gegenüberliegend anordnen und die »Sprossen« der oben bezeichneten »Strickleiter« bilden. Diese vier Basen bezeichnen wir als Guanin, Cytosin, Adenin und Thymin. Nun paaren sich diese Basen aber nicht willkürlich, sondern nach ganz festen Regeln, und zwar:

Guanin nur mit Cytosin und
Adenin nur mit Thymin.

Art der Nukleinsäure	DNA
Art des Zuckers	Desoxyribose
Phosphorsäure	Phosphorsäure
Basen	Adenin A
	Cytosin C
	Guanin G
	Thymin T
1 Nukleotid	

a

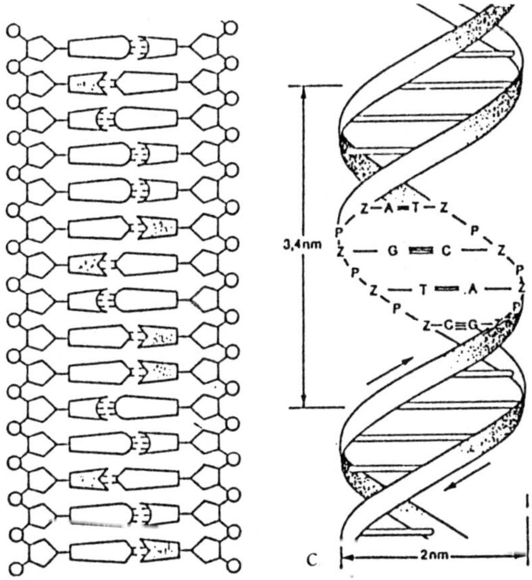

b c

a Grundbausteine der Nukleinsäuren. b Bei der DNA sind zwei komplementäre Polynukleotid-Stränge durch Wasserstoffbrücken zu einem Doppelstrang verbunden und c schraubig gedreht: Doppelhelix-Struktur der DNA.

Nach: Linder, *Biologie,* J. B. Metzler, Stuttgart, 1983, S. 270 f.

Solch einen DNA-Strang kann man auftrennen, einen Teil der Erbträger herausnehmen und durch einen anderen ersetzen. Damit fügt man künstlich, von Menschenhand, Merkmale ein, die so nicht von der Natur gegeben sind und die für das Lebewesen prägend sind. Da sich die DNA-Stränge stets identisch reproduzieren, werden

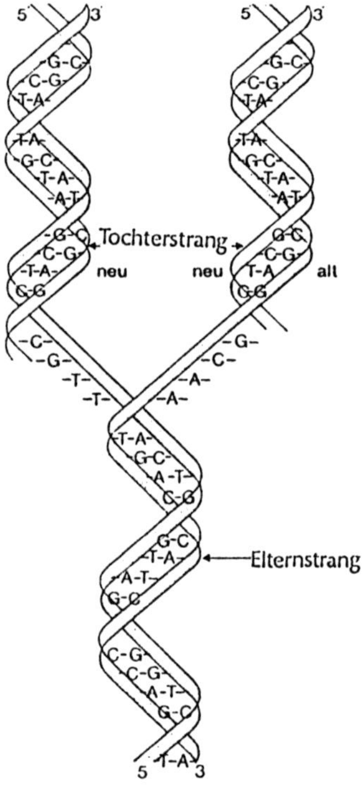

Die Replikation der DNA. Sie erfolgt stets von 5' nach 3'. Jeder Tochterstrang wird zunächst in Form kurzer Stücke gebildet, die dann zum vollständigen Strang durch das Enzym DNA-Ligase verknüpft werden. (Die kurzen Stücke heißen nach ihrem Entdecker OKAZAKI-Stücke.)[1]

---

[1] Ibid. S. 271.

auch die eingesetzten Elemente reproduziert und ihrerseits wieder vererbt.
Auf diese Weise kann man die verschiedensten Erbinformationen künstlich eingeben. Der »Zufall« der Natur kann teilweise ausgeschaltet und nach Maßgabe des Menschen und seinem Willen »korrigiert« werden. Wir können die Natur nach unseren Vorstellungen »berichtigen«, können es noch »besser« machen als die Schöpfung!

Bisher unmögliche Züchtungen bei Pflanzen und Tieren sind auf diese Weise in den Bereich des Machbaren gerückt. Schon diese Tatsache ist umwerfend, und die Frage ist, ob der Mensch hiervon als Objekt ausgenommen werden wird. Oder wird es vielmehr so sein, wie Pessimisten (oder sollte man besser sagen: Realisten) annehmen, daß nämlich immer und in allen Belangen irgendwann Anbieter und Durchführende auftreten und eventuell vorhandene Tabus brechen werden?

Der Schriftsteller Aldous Huxley hat in seinem antiutopischen Roman »Schöne neue Welt« (1932) diese Problematik aufgegriffen. Er erzählt in erschreckend beeindruckender Weise, wie man die natürliche Zeugung und Geburt des Menschen als tierisch abgeschafft hat und menschliche Wesen auf künstliche Weise und hinsichtlich ihrer Gene entsprechend den jeweiligen Bedürfnissen der Gesellschaft heranzüchtet. So können Arbeiter »geschaffen« werden, die beispielsweise für den Einsatz in großen Höhen schwindelfrei oder in der chemischen Industrie gegen bestimmte Gifte unempfindlich sein müssen. Damals Phantasie – und heute?

Aber wir können noch erheblich weiter in der Geschichte der Menschheit zurückgehen. Das Erzeugen eines künstlichen Menschen (Homunculus) war schon seit je ein Traum des Menschen. Von der Natur unabhängig zu sein, als eigener Schöpfer der höchsten Form von Leben, nämlich *menschlichem* Leben, aufzutreten, das war das größte!

Wir finden diesen Gedanken exemplarisch ausgedrückt bei Goethe (1749–1832), der diesen Wunsch in seinem »Faust« zum Gegenstand macht und im II. Teil, 2. Akt, in der Szene im Laboratorium Wagner und den Teufel im Gespräch zeigt:

»MEPHISTOPHELES *eintretend.*
Willkommen! es ist gut gemeint.
WAGNER *ängstlich.*
Willkommen zu dem Stern der Stunde!
Leise.
Doch haltet Wort und Atem fest im Munde!
Ein herrlich Werk ist gleich zustand gebracht.
MEPHISTOPHELES *leiser.*
Was gibt es denn?
WAGNER *leiser.* Es wird ein Mensch gemacht.
MEPHISTOPHELES. Ein Mensch? Und welch verliebtes
Paar habt Ihr ins Rauchloch[1] eingeschlossen?
WAGNER. Behüte Gott! wie sonst das Zeugen Mode war,
erklären wir für eitel Possen.
Der zarte Punkt, aus dem das Leben sprang,
die holde Kraft, die aus dem Innern drang
und nahm und gab, bestimmt, sich selbst zu zeichnen,
erst Nächstes, dann sich Fremdes anzueignen,
die ist von ihrer Würde nun entsetzt.
Wenn sich das Tier noch weiter dran ergötzt,
so muß der Mensch mit seinen großen Gaben
doch künftig höhern, höhern Ursprung haben.
Zum Herd gewendet
Es leuchtet! Seht! – nun läßt sich wirklich hoffen,
daß, wenn wir aus viel hundert Stoffen

durch Mischung – denn auf Mischung kommt es an –
den Menschenstoff gemächlich komponieren[2],
in einen Kolben verlutieren[3]
und ihn gehörig kohobieren[4],
so ist das Werk im stillen abgetan.

Zum Herd gewendet

Es wird! Die Masse regt sich klarer!
Die Überzeugung wahrer, wahrer:
Was man an der Natur Geheimnisvolles pries,
das wagen wir verständig zu probieren,
und was *sie* sonst organisieren[5] ließ,
das lassen *wir* kristallisieren[6]. (...)
Es steigt, es blitzt, es häuft sich an,
im Augenblick ist es getan.
Ein großer Vorsatz scheint im Anfang toll;
Doch wollen wir des Zufalls künftig lachen,
und so ein Hirn, das trefflich denken soll
wird künftig auch ein Denker machen.

Entzückt die Phiole betrachtend

Das Glas erklingt von lieblicher Gewalt,
es trübt, es klärt sich: also muß es werden!
Ich seh in zierlicher Gestalt
ein artig Männlein sich gebärden.
Was wollen wir, *was* will die Welt nun mehr?

---

[1] Rauchloch = Ofen der Alchimisten
[2] komponieren = zusammenstellen
[3] verlutieren = abdichten
[4] kohobieren = durch Destillation klären
[5] organisieren = natürlich wachsen lassen
[6] kristallisieren = künstlich gewinnen

Prinzipiell sind diese Möglichkeiten heute keine Phantasterei mehr! Damit stellt sich hier die Frage, wie diese Probleme in philosophischer Hinsicht angegangen werden können.

Greifen wir dazu den letzten der eben zitierten Verse aus Goethes »Faust« auf: »Was wollen wir, was will die Welt noch mehr?« In Goethes Drama ist eines der größten, vielleicht *das* größte Ziel verwirklicht, von dem die Menschheit seit jeher geträumt hat: Es ist gelungen, ein menschliches Lebewesen zu »machen«! Die oben zitierte Frage ist bewußt so formuliert, daß nur eine Antwort darauf vernünftig scheint: – »Nichts.« Der Mensch scheint im »Faust« Gott gleich und in seinen Möglichkeiten unbegrenzt. Über das Erreichte hinaus ist nichts mehr zu wollen; die Krone ist erlangt. Wir befinden uns heute, wie wir gesehen haben, in einer Situation, die der von Goethes Wagner ähnelt. Daher kann auch auf uns und unsere Möglichkeiten bezogen dieselbe Frage gestellt werden; allerdings mit dem wesentlichen Unterschied, daß es sich nicht nur um ein Theaterstück handelt, sondern um die Wirklichkeit.

Bei genauerem Betrachten werden zwei Seiten dieser Frage deutlich. Sie kann einmal in rein wissenschaftlicher Hinsicht verstanden und dahingehend beantwortet werden, daß »wir« bzw. »die Welt« als Gesellschaft einschließlich der Wissenschaftler nie mit den jeweils erreichten Ergebnissen zufrieden sein können, wenn die Wissenschaftler ihren Aufgaben und den an sie gestellten Anforderungen auch nur annähernd gerecht werden wollen. Im Gegensatz zum »Faust« bedeutet der erreichte Zustand also keinen Endzustand, sondern das »Mehr«, das tatsächlich noch gewollt wird, besteht in weiterer Forschung, in der Erwartung von neuen Erkenntnissen, die auf dem Erreichten aufbauen und weiter in unbekannte Bereiche führen und diese unserem Zugriff erschließen. Ein im Prinzip endloser Vorgang und ein scheinbar wertfremdes Bemühen. Scheinbar!

Die Frage ist aber auch auf eine andere Weise zu verstehen, die weit schwieriger zu fassen und zu beantworten ist, weil ihre Merkmale nicht so offen zutage treten, sondern erst durch intensives Nachdenken freigelegt werden müssen. Diese Seite der Frage zielt darauf ab, was wir mit den erreichten und vorhandenen Möglichkeiten anfangen wollen, die ja nicht um ihrer selbst willen erzielt worden sind. Die Welt, und also wir, wollen durchaus »mehr«, nämlich die Anwendung dessen, was uns die wissenschaftlichen Erkenntnisse ermöglichen. Damit befinden wir uns unmittelbar im Bereich der *praktischen Philosophie,* der Ethik. Wir denken über das bloße Vorhandensein der bestehenden Möglichkeiten hinaus, fragen nach Kriterien für deren Einsatz und sind bemüht, uns Klarheit darüber zu verschaffen, ob wir diesen überhaupt anstreben dürfen oder sollen. Auf diese Fragen kann uns keine andere Wissenschaft Antworten geben als die Philosophie und innerhalb dieser die Ethik als der Teilbereich, der sich mit dem menschlichen Handeln befaßt, mit dessen Normen und moralischen Grundlagen. Deshalb erweist sich in der Erörterung der Problematik der Anwendung heutiger Handlungsmöglichkeiten ihr spezifisch philosophischer Charakter.

Schon im vorausgegangenen Kapitel über die Ethik war die Rede von moralischen Normen, ethischen Grundsätzen und Theorien. Hier befassen wir uns näher mit den Begriffen »gut« und »böse/übel«, moralisch »richtig« oder »falsch«, die für die Beurteilung und damit die Diskussion der Rechtfertigung oder Ablehnung dessen, was wir können, von Bedeutung sind. Es soll versucht werden zu ermitteln, nach welchen Kriterien Handlungen als »gut« oder als »böse/übel« zu bewerten sind. Deshalb sind hier einige ethische Theorien vorgestellt, die dem Leser ermöglichen sollen, *selbständig* Antworten auf diese Fragen zu finden.

Die erste Theorie, die wir in diesem Zusammenhang heranziehen wollen, ist die Kants. Wir erinnern uns: KANT suchte die Kriterien für die Antwort auf die Frage nach moralisch gut oder böse, falsch oder richtig in der *Gesinnung.* Sie allein ist nach seiner Lehre für die moralische Qualität einer Handlung entscheidend. Das Ergebnis ist *dafür* nicht maßgebend, obwohl es natürlich insofern in die Überlegungen mit einbezogen werden muß, als die Gesinnung ansonsten »in der Luft hinge« und ohne realen Bezug wäre. Nach Kant ist die Vernunft die Instanz, die uns erkennen läßt, worin unsere Pflicht besteht, so daß auf dieser Grundlage der gute Wille für deren Verwirklichung aktiv werden kann. Als Kriterium für eine Entscheidung bietet Kant den kategorischen Imperativ an, der verlangt: »Handle nur nach derjenigen Maxime, durch die du zugleich wollen kannst, daß sie ein allgemeines Gesetz werde!« Als vernunftbegabtes Wesen muß es dem Menschen möglich sein, auf dieser Grundlage seine Pflicht zu erkennen, die im vorliegenden Fall, darüber dürfte Einigkeit herrschen, im Grundlegendsten besteht, das denkbar ist, nämlich der Erhaltung der menschlichen Existenz; des einzelnen wie auch der gesamten Gattung. Ob diese Existenzerhaltung nun mit Neigung und Begeisterung geschieht oder widerwillig und gegen andere Interessen des Handelnden, findet seinen Niederschlag zwar in der entsprechenden moralischen Bewertung als eine »pflichtgemäße Handlung« oder eine Handlung »aus Pflicht«, ist aber ansonsten zweitrangig. So lautet die Antwort auf die Frage:

»Warum soll ich die Entscheidung/Handlung A (z. B. Verzicht auf Gentechnologie) der Entscheidung B (Möglichkeit, gezielt und nach menschlicher Vorgabe Lebewesen zu schaffen, unter Hinnahme erheblicher Risiken) vorziehen?« nach Kant: »Aus Pflicht!« Wenn die Gefahr von unübersehbaren Risiken gegeben ist oder bereits bestehende Gefährdungen erkannt sind (anderes Beispiel: Ozonloch), dann kann vernünftigerweise nicht gewollt werden, daß dies zugunsten von Bequemlichkeit oder wirtschaftlichem Gewinn in Kauf genommen wird, da dann gegen die Pflicht zur Bewahrung und Erhaltung der menschlichen Gattung und ihrer natürlichen Lebensbedingungen verstoßen würde.

Eine gewisse Problematik zeigt sich bei der Anwendung der Lehre Kants jedoch dann, wenn wir vor der Entscheidung zwischen zwei oder mehreren Möglichkeiten stehen: entweder keine Forschung mehr und damit wissenschaftliche und entwicklungsmäßige Stagnation (dann vermeiden wir natürlich auch eine gewisse Art von Folgerisiken) oder Bejahung der Genforschung und ihrer Anwendung und damit das Hinnehmen der damit verbundenen Risiken und Gefahren. In der Tat kann man hierzu selbst unter Anwendung vernunftmäßiger Kriterien zu unterschiedlichen Ergebnissen gelangen, weil in diesem Beispiel die Überwindung von (Erb-)Krankheiten oder Hungersnöten durchaus höher bewertet werden kann als die hypothetischen Gefahren. Dabei darf aber nicht versäumt werden, auf ein Problem hinzuweisen, das darin besteht, daß auch bei guter Gesinnung Irrtümer möglich sind, die aber gerade im Fall der Gentechnik nicht mehr rückgängig gemacht werden können, so daß selbst gute Gesinnung zu tragischen Ergebnissen führen kann. Dies sollte der Leser bedenken, wenn er die Kantsche Ethik als Grundlage zur

Beantwortung unserer Frage heranzieht. Die streng formale Ethik Kants liefert eben keine inhaltlichen Entscheidungskriterien – nach denen wir ja gerade suchen.

Ganz andere Kriterien für die Entscheidungsfindung bzw. Beurteilung einer Handlung bietet der *Utilitarismus,* nach dem im Unterschied zur Ethik Kants eine ausgesprochene Nutzen-Schaden-Überlegung angestellt werden muß. Die entscheidende Frage ist dabei, welcher der zur Wahl stehenden Handlungsmöglichkeiten die (größere) Tendenz innewohnt, das größtmögliche Glück, den größtmöglichen Nutzen für eine größtmögliche Anzahl von Menschen zu fördern. Daher sind logischerweise die Folgen zu einem Kernpunkt der Analyse zu erheben, da es ja gerade um sie geht. Ziehen wir also diese ethische Theorie zu Rate und fragen, warum eine Handlung einer anderen vorzuziehen ist, dann kann die Antwort nur lauten: Weil die sich aus dieser Handlung ergebenden Folgen im einen Fall wünschenswerter sind als im anderen. »Wünschenswert« bedeutet, daß sie geeignet sind, das größtmögliche Glück der größtmöglichen Zahl Betroffener zu fördern.

Hier zeigen sich zwei Seiten des Utilitarismus, die besonders für die Gegenwarts- und Zukunftsprobleme in ethischer Hinsicht und damit für die Beantwortung unserer Kernfrage für den Handelnden ein Problem darstellen: Zum einen formuliert der Utilitarismus eine direkte und klare Handlungsanweisung, die darin besteht, das größtmögliche Glück für die größtmögliche Anzahl Menschen zu fördern. Damit sieht sich der Handelnde außer dieser Vorgabe keiner weiteren allgemeingültigen ethischen Norm gegenübergestellt. Das bedeutet ein Optimum an Klarheit und erlaubt ihm ein sehr hohes Maß an Freiheit, denn er kann und muß jede Situation neu und den gegebenen Umständen entsprechend beurteilen und dann entscheiden. Man spricht in diesem Fall von *Handlungsutilitarismus*.

Folgendes Beispiel mag dies verdeutlichen: Ein utilitaristisch orientierter Verantwortlicher eines Labors, in dem ein Defekt aufgetreten ist, kann im gegebenen Fall die Öffentlichkeit über das tatsächliche Ausmaß des Unglücks belügen, um dadurch etwa Maßnahmen der Bevölkerung zu vermeiden oder Panik zu verhindern. Ob dies richtig ist oder nicht, darüber mag der Leser selbst befinden. Der Handlungsutilitarist ist nicht, wie etwa der Kantianer, verpflichtet, unbedingt und in jedem Fall die Wahrheit zu sagen, ganz gleich, zu welchen Folgen dies führt. Schon dieses eine Beispiel läßt die große Spannweite ethischer Theorien ahnen, die alle ein und dasselbe Ziel haben, verbindliche Normen anzubieten, die moralisch richtiges Handeln ermöglichen sollen, die aber teilweise sehr unterschiedliche Wege und Methoden wählen und zu den unterschiedlichsten Ergebnissen gelangen.

Ein zweites Problem des Utilitarismus besteht darin, daß der Handelnde vor der Schwierigkeit steht, den Glücksbegriff analysieren und bestimmen zu müssen. Können wir, selbst in philosophischer Reflexion, wirklich erkennen, was für die größtmögliche Zahl von Menschen *glücksfördernd* ist, so daß wir danach entscheiden können? Unter welchen Umständen sind Ergebnisse aus Handlungen nützlich? Es kommt erschwerend hinzu, daß wir die Betroffenen wahrscheinlich gar nicht kennen, weil sie als zukünftige Generationen noch gar nicht existieren. Sie sind uns fremd und vielleicht daher auch gleichgültig! Hier stellt sich die weitere Frage, welchen Grund wir haben sollten, uns mit ihnen so sehr zu identifizieren, daß wir unser Handeln auf ihr Wohl hin ausrichten. Denn das Problem ist, daß mit der Zunahme von räumlicher und zeitlicher Distanz die Anonymität zunimmt und die Bereitschaft, die Motivation schwindet, für diese Wesen Verantwortung zu übernehmen.

Dies ist sowohl ein psychisches als auch ein philosophisches Problem. Wohl kaum ein Bomberpilot wird ein Kind mit Benzin übergießen und anzünden. Befindet er sich jedoch in seinem Überschallflugzeug, bei hoher Geschwindigkeit und in großer Höhe, dann ist es unvergleichlich leichter, z. B. Napalmbomben abzuwerfen. Auch ein Verantwortlicher in einem Tausende von Kilometern entfernten Raketenbunker wird sehr viel eher seine Waffen aktivieren, als wenn keine Distanz zwischen ihm und den Betroffenen läge. Gleiches gilt für die zeitliche Distanz bei unserem vorliegenden Problem, und eine verständliche, wenn auch meines Erachtens nicht berechtigte Frage lautet: »Warum sollen wir auf unsere Bequemlichkeit verzichten und uns einschränken zum Nutzen ferner Generationen; wissen wir überhaupt, was deren Glück ausmacht?«

Da es nach dem Utilitarismus um das größtmögliche Glück (der größtmöglichen Zahl) geht, wäre eine entscheidende Voraussetzung, daß dieser Begriff definiert und geklärt wird. Hier aber zeigen sich fast unüberwindliche Schwierigkeiten, denn es dürfte unmöglich sein, eine allgemeine Bestimmung vom Glücksbegriff zu geben. Zu individuell sind die unterschiedlichen Vorstellungen sowohl von Glück als auch von Nutzen, und auch der Versuch Benthams, das Problem dadurch zu lösen, daß er ein sogenanntes »Glückskalkül« aufstellte, in dem er Glücksnuancen und -varianten zahlenmäßig zu bewerten und auf diese Weise zu erfassen suchte, blieb höchst unbefriedigend. Glück und die Vorstellungen sowie

Empfindungen davon lassen sich nicht quantitativ ausdrücken.

Man kann aber wohl davon ausgehen, daß die Sicherung der eigenen Existenz ein Kriterium ist, das jeder Mensch (von wenigen Ausnahmen abgesehen) für sich beansprucht und bevorzugt, wenn er die Wahl zwischen zwei oder mehreren Kriterien hat. Das gleiche Recht muß er vernünftigerweise jedoch auch anderen zugestehen, und so sind jene Handlungen »gut«, die diesem vorrangigen Ziel förderlich sind.

Noch ein weiterer Aspekt ist kritisch anzumerken, vor allem im Hinblick auf unsere Hauptfrage, die wir stets im Auge behalten müssen: Da es im Utilitarismus um die größtmögliche Zahl von Menschen geht, ist zwangsläufig die Mehrheit die Instanz, an der man sich zu orientieren hat. Das aber bedeutet, daß es nach dem Utilitarismus keinen Minderheitenschutz gibt und sogar die Diskriminierung von Minderheiten unter Umständen gerechtfertigt werden kann, wenn es dem allgemeinen Wohle dient (was immer man darunter verstehen mag).

Trotz der dargelegten Probleme ist diese Theorie von ihren Grundzügen her besonders zur Beantwortung unserer Frage geeignet. Und zwar deshalb, weil in dieser Lehre versucht wird, vernünftiges Denken mit erfahrbaren, empirischen Sachverhalten zu verknüpfen. Gerade dieser Erfahrungsbezug, der gleichbedeutend mit Realitätsbezug ist, macht eine der Stärken des Utilitarismus aus.

Zukünftige Folgen (und um solche geht es entscheidend bei unserer Frage) werden aus bereits erfahrenen abgeleitet und im Denkprozeß unter Berücksichtigung eventueller Ähnlichkeiten geistig vorweggenommen und bewertet, so daß sie zu einem Entscheidungskriterium mit hohem Wahrscheinlichkeitscharakter werden.

Mit dieser Feststellung kann einem Argument begegnet werden, das häufig von Gegnern des Utilitarismus erhoben wird, nämlich daß der Utilitarismus nur zukunftsbezogen sei und die Vergangenheit nicht angemessen berücksichtige, insbesondere nicht die moralische Bedeutung bereits erfolgter Handlungen. Die Erfahrung, um die es hier geht und die als Entscheidungshilfe zur Verfügung steht, wird ja gerade aus der Vergangenheit bezogen und stellt das Bindeglied zur Zukunft dar. Mit dem deutlich empirischen Bezug ist für den Utilitaristen die Gefahr vermieden, daß sich die Kriterien für die Entscheidung und Beurteilung im metaphysischen Raum verlieren und nicht erfahrbar sind. Daß dies nicht so ist, erweist sich darin, daß der Utilitarismus die Begriffe »gut« und »böse« als wirklichkeitsabhängiges »Glück« bzw. »Leid« definiert und aus deren vergleichender Gegenüberstellung seine Aussagen über richtig oder falsch gewinnt. Gut sind glücksfördernde, schlecht glücksmindernde oder leidbringende Handlungen.

Dieter Birnbacher weist in seinem Buch »Verantwortung für zukünftige Generationen« sehr erfolgversprechende Wege für die Bewältigung der hier zur Diskussion stehenden Frage. Es ist u. a. sein Verdienst, die utilitaristische Theorie für die Probleme unserer Zeit mit dem Blick auf die Zukunft dahingehend erweitert, verändert und präzisiert zu haben, daß sie sowohl für uns in der Gegenwart als auch hinsichtlich der Zukunft anwendbar und als ethische Theorie tragfähig für die Bewältigung unserer Probleme geworden ist. Eine Reihe ihrer Schwächen konnte durch diese Bearbeitung ausgeräumt werden. So ist beispielsweise der rein idealistische Charakter überwunden worden. Das bedeutet, daß nicht von einer Idealsituation ausgegangen wird, wie dies großenteils beim klassischen Utilitarismus war, sondern daß von festlegbaren Umständen abgesehen wird und die Normen in jeder Situation gelten können. Dazu sind sogenannte *Praxisnormen* erforderlich, die nunmehr das Kriterium darstellen. Moralisch richtig sind demzufolge solche Handlungen, die diesen Praxisnormen entsprechen bzw. aus ihnen hervorgehen. Aus der Reihe dieser Normen möchte ich hier lediglich einige nennen, die einen unmittelbaren Bezug zur Kernfrage dieses Kapitels haben und als Grundlagen für eine mögliche Antwort heranzuziehen sind:

* kollektive Selbsterhaltung (von Mensch, Tier und Umwelt);
* keine Gefährdung zukünftiger menschlicher Existenz;
* Vermeidung von nicht mehr korrigierbaren Risiken;
* Bewußtseinsveränderung gegenwärtiger und Erziehung nachfolgender Generationen im Sinne dieser Normen.[1]

Es ist sehr wichtig – das zeigt die Praxis deutlich –, daß ethische Normen nicht zu idealistisch sein dürfen, sondern für den einzelnen Menschen einen hohen Motivationsgrad aufweisen müssen, sie zu befolgen. Das verlangt, daß sie mit Wertvorstellungen übereinstimmen, die zur Zeit gelten, oder sich zumindest mit ihnen vereinbaren lassen. Neben dem Vorzug, auf diese Weise ethische Überforderung der Individuen wie auch der Gesellschaft zu vermeiden, entspricht dieser Grundsatz auch der Transparenz, d. h., es soll dem Handelnden einsichtig sein, weshalb er so und nicht anders handeln sollte.

Zugegebenermaßen können wir immer nur hypothetisch annehmen, daß Werte und Wertvorstellungen, die

[1] Vgl. D. Birnbacher, *Verantwortung für zukünftige Generationen*, Reclam, Stuttgart, 1988, S. 202 ff.

für uns Gültigkeit haben, die wir als »gut« anerkennen, dies auch für zukünftige Generationen sind. Das verlangt, daß die Praxisnormen inhaltlich so gestaltet und formuliert sind, daß sie auf den grundlegendsten Interessen basieren, die denkbar sind: der Sicherung einer würdigen Existenz, die vernünftigerweise als erstrebenswert anerkannt werden kann/muß. Praxisnormen, wie sie oben formuliert sind, zeigen darüber hinaus deutlich, daß zur Beurteilung der eigenen, aber auch der Handlungen anderer Wissen erforderlich ist, um das der einzelne bemüht sein muß, damit seine Entscheidung fundiert sein kann. Es sind aber auch neben dem privaten Individuum die Wissenschaftler gefordert, die als Fachleute in Bereichen tätig sind, die in einer direkten Beziehung zu diesen Praxisnormen stehen.

Demzufolge kann es, wie schon angedeutet, nach meiner Ansicht keine wertfreie Aufgabenstellung in den Wissenschaften und der Technik geben. Die Verantwortung des Wissenschaftlers für seine Erkenntnisse oder seine Produkte ist nicht abzuweisen. Es ist allerdings nicht einsehbar, was gelegentlich als Argument für eine wertfreie Forschung vorgebracht wird, daß nämlich unter diesen Umständen Wissenschaftler und Forscher aus Angst zur Untätigkeit verurteilt seien. Ich denke vielmehr im Sinne Sartres, daß Angst nicht zur Untätigkeit, sondern vielmehr zu noch verantwortungsvollerem und vorsichtigerem Handeln führen sollte.

Der Unterschied einer weiteren ethischen Theorie liegt *nicht* in einer anderen Zielsetzung oder einem anderen Ergebnis als im Utilitarismus, sondern in der Art der Argumentation, die religiös und metaphysisch ist und beispielsweise von HANS JONAS geführt wird. In ihr werden Merkmale christlicher Lehre deutlich, wie etwa die Ehrfurcht vor der Schöpfung und der Gedanke, daß der Mensch sie nicht besitzt, sondern lediglich eine Treuhänderschaft ausübt, oder die allgemeine Menschenliebe, die auch auf zukünftige, noch nicht existierende Generationen ausgeweitet wird, weil sie die Gattung »Mensch« generell betrifft. Jonas hebt in seiner religiös-metaphysischen Argumentation die Pflicht des Menschen (als Gattung) zur eigenen Existenz hervor und reduziert die erste ethische Norm auf die einfache Formel: Es sollen Menschen leben. Die zweite lautet: Sie sollen gut leben. Der Mensch hat nach dieser Auffassung die unbedingte Pflicht zum Dasein, und alles, was dem zuwiderläuft, ist schlecht. Demzufolge sind auch Entscheidungen und Handlungen, die nach vorausgegangener Analyse ein Risiko für diese Existenz bedeuten, moralisch schlecht und zu unterlassen. Jonas spricht davon, daß in der »Wette« die Existenz des Menschen nicht zum Einsatz gemacht werden darf. Damit sind auch sämtliche Experimente verneint, die diese Existenz gefährden können.[1] Was unsere Kernfrage anbelangt, bezieht Jonas also eindeutig Position gegen die Gentechnologie.

Auch Aspekte des Rechtes gilt es in dieser Argumentation zu bedenken. Sie drängen sich in der Frage zusammen, ob wir das Recht haben, jemand anderem sein elementarstes Grundrecht streitig zu machen, nämlich zu leben, und zwar menschenwürdig. Zukünftige Generationen sind selbstverständlich in diese Argumentation eingeschlossen. Wie intensiv die Auseinandersetzung über das Leben und die Frage, was als »menschenwürdiges Leben« anzusehen ist, geführt wird, sehen wir beispielsweise in der Gegenwart an der Diskussion um die

[1] Vgl. H. Jonas, *Das Prinzip Verantwortung,* Insel, Frankfurt/Main, 1979, S. 80 ff.; 186 f.

Abtreibung. Nicht anders stellt sich das Problem dar, wenn es um Risiken der Zukunft geht. Die Argumentation bezieht sich auch bei Jonas nicht nur auf den Menschen, sondern auch auf dessen Lebensraum und damit auf die Tier- und Pflanzenwelt. Und sei es auch nur deshalb, weil der Mensch sie zu seiner eigenen Existenz benötigt. Ethik, das zeigt die praxisorientierte Erörterung dieses Kapitels, kann nicht mehr nur anthropozentrisch sein (vgl. auch Kapitel VI).

Wir haben in diesem Kapitel die Gentechnologie als Beispiel für einen ethisch höchst relevanten und problematischen Entscheidungsbereich ausgewählt und möchten betonen, daß die Sachlage bei anderen wissenschaftlich-technischen Möglichkeiten nicht wesentlich anders aussieht. Hier wie dort bestehen die gewaltigen Risiken von Fehlern oder Mißbrauch, und hier wie dort zeigt sich ein Merkmal, das die Problematik erheblich kompliziert: die Zweischneidigkeit (Ambivalenz) wissenschaftlich-technischer Möglichkeiten.

Zweifelsohne könnte man mit Hilfe der Gentechnologie eine Menge an Positivem erzielen. Denken wir nur an die vielen Erbkrankheiten und anderen Gebrechen, die man auf diese Weise ausschalten und so bestimmten Menschengruppen dauerhaft helfen könnte. Es wäre keine Frage, daß man nicht zögern sollte, diese Möglichkeiten zu nutzen, wenn nicht gleichzeitig drohend das Gespenst des Mißbrauchs hinter allem stünde. Ein Mißbrauch oder Risiken (noch) unbekannten Ausmaßes, die nicht auszuschließen sind und die *gesamte* gegenwärtige und zukünftige Menschheit wie auch andere Lebensformen in einem nur zu ahnenden Maße beträfen. Folgen wären nicht mehr rückgängig zu machen (durch die Selbstreproduktion der Erbinformation), auch nicht mehr zu korrigieren, und damit verstieße ein Handeln, das zu solchen Ergebnissen beitrüge, gegen die Praxisnormen.

Es gilt also abzuwägen zwischen dem Guten und Wünschenswerten auf der einen und dem damit einhergehenden Schlechten, weil gegen die Praxisnormen verstoßend, auf der anderen Seite. Daß Möglichkeiten und Errungenschaften, die an sich und theoretisch durchaus positiv sind, nicht auch in der Praxis automatisch entsprechend positiv sein müssen, mag folgendes Beispiel verdeutlichen, das zumindest zum Nachdenken anregen sollte: Die Befürworter der Gentechnologie bei Pflanzen und Tieren weisen darauf hin, daß man auf diese Weise Pflanzen züchten könnte, die selbst unter extremen Bedingungen wie in Kältegebieten und Dürrezonen reiche Erträge brächten, so daß niemand auf der Welt mehr zu verhungern brauchte. Extrem gute Ernteerträge wären das erklärte Ziel. Zugegeben, eine verlockende Aussicht. Aber wem sollte das nutzen, wenn noch größere landwirtschaftliche Erträge erzielt würden? Schon heute brauchte es den Hunger in der Welt nicht mehr zu geben. Daß es doch so ist, hat seine Gründe in wirtschaftlichen, finanziellen und machtpolitischen Faktoren. Es ist billiger, Lebensmittel und landwirtschaftliche Produkte zu vernichten, als sie in Hungergebiete zu transportieren, Preise »müssen« stabil gehalten werden, usw.

Wahrscheinlich würde niemand von der *»Grünen Revolution«* profitieren, außer denjenigen, die die Macht haben, sie zu vollziehen und zu finanzieren. Das aber sind dieselben Länder und Institutionen, die auch in der Gegenwart über die Macht verfügen.

Frage also: Besteht denn eigentlich eine wirkliche Notwendigkeit für die Gentechnologie bei Pflanzen und Tieren? Wir ertrinken im Milchsee, die Fleischberge werden immer erdrückender, und man macht sich Gedanken, wie die Vernichtung landwirtschaftlicher Güter zu finanzieren ist. Wozu also *noch* mehr? Welchen Sinn soll das haben? Man kann den Eindruck gewinnen, das Argument der Beseitigung des Hungers sei lediglich ein Scheinargument. Die Erfahrung hat doch immer wieder gezeigt, daß der Mensch *nicht* in der Lage ist, mit gefährlichen Möglichkeiten umzugehen. Muß nicht, wenn auch nur die Möglichkeit eines Mißbrauchs oder Risikos in solchen Dimensionen besteht, der Mensch aus Verantwortungsbewußtsein und zur Vermeidung von nicht mehr rückgängig zu machenden Folgen auf solche Techniken verzichten? Ist nicht eine Selbstbeschränkung erforderlich, die als einzige ein (Weiter-)Leben gewährleisten kann?

Noch eine Anmerkung zum Begriff *Gen-Manipulation*. Bereits der Begriff weckt eine Fülle unbehaglicher Assoziationen, denn wer möchte schon manipuliert sein. Und nach welchen und wessen Vorgaben und Maßstäben sollte diese Manipulation erfolgen? Zwar stecken die Forschungen hinsichtlich der Genmanipulation noch ziemlich in den Anfängen, aber die schier unbegrenzten Möglichkeiten und damit verbundenen Probleme, die sich (nicht zuletzt mit Hilfe von Computern) einmal daraus ergeben können, sind schon jetzt absehbar.

Wir haben gesehen, daß die Probleme, die aus Ergebnissen wissenschaftlicher und technischer Leistungen resultieren, im großen und ganzen nicht mehr in den Bereich der Phantasterei gehören und daß sie, sofern einmal verwirklicht, den sogenannten *Schneeballeffekt* aufweisen, indem sie sich verselbständigen und neue Probleme, meist noch größere, nach sich ziehen. Wir mögen als Menschen den ersten Schritt noch willentlich getan haben, aber es zeigt sich sehr schnell, daß die nachfolgenden Schritte immer mehr unserem Einfluß entzogen sind. Wir haben bereits erfahren, daß zwischen der tradierten Ethik der Vergangenheit und der Ethik, die für Gegenwart und Zukunft erforderlich ist, eine Diskrepanz besteht, weil in der Vergangenheit ganz andere, weit weniger folgenträchtige Handlungsmöglichkeiten bestanden als heute.

Eine Reihe von Philosophen vertritt die Auffassung, daß aus diesem Grund tradierte Ethikmodelle gänzlich untauglich für die Bewältigung gegenwärtiger und zukünftiger Probleme seien. Dem ist entgegenzuhalten, daß tradierte ethische Theorien aus philosophischen Reflexionen und Auseinandersetzungen erwachsen sind, die zu moralischen Bewußtseinsformen geführt haben, die meines Erachtens nicht generell als falsch klassifiziert werden können. Abgesehen davon ist auch die Frage noch ungeklärt, ob die Existenz moralischer Werte im metaphysischen Sinne zeitlos gegeben ist und sich lediglich unsere Perspektive zu ihnen ändert oder ob es gar keine absoluten Werte gibt, sondern Wertvorstellungen ausschließlich Produkte eines jeweiligen kulturell-philosophischen Prozesses sind. Hierin zeigt sich auch die Lebendigkeit und Berechtigung der philosophischen Diskussion als prinzipielles Suchen und Ringen nach Antworten und Lösungsversuchen.

Dies wird durch die Tatsache verstärkt, daß wir heute mit Hilfe von Wissenschaft und Technik Riesensprünge in der Entwicklung machen, deren Auswirkungen unüberschaubare Ausmaße annehmen. Damit befinden wir uns in einer dem »Zauberlehrling« vergleichbaren Situation, der die Geister, die er rief, nicht mehr loswurde, d. h. das Erzeugte ihm über den Kopf wuchs und von ihm nicht mehr gebändigt werden konnte. Die Entwicklungen und ihre Folgen drohen unsere Entscheidungs- und Handlungsmöglichkeiten zu überflügeln, drohen, sich dem Einfluß unserer Macht zu entziehen. Wenn wir nicht sehr aufpassen, nimmt uns das einmal Begonnene das Gesetz des Handelns aus der Hand, und wir werden vom Agierenden zum nur noch Re-agierenden degradiert.

Es muß jedoch auch die Frage gestellt werden, ob das Mögliche nicht gewagt werden darf, vielleicht sogar gewagt werden muß, und ob es keine Kriterien gibt, dessen Verwirklichung und Anwendung zu rechtfertigen. Ich denke, daß die Argumentation zugunsten des Dürfens davon ausgehen kann, daß es nicht zum Extremfall kommen muß, daß es rationale wie emotionale Schranken gibt, die den Menschen veranlassen, vor dem extremen Mißbrauch zurückzuschrecken, daß es Institutionen wie Staat, Kirche, Öffentlichkeit als Kontrollinstanzen gibt und daß man auch die Erziehung im Sinne einer verantwortungsvollen Bewußtseinsbildung nicht vergessen darf. Die Vorstellung »homo homini lupus« (der Mensch ist dem Menschen ein Wolf) kann meines Dafürhaltens nicht der Weisheit letzter resignierender Schluß sein.

Man mag an dieser Stelle auch an das Gleichnis vom verlorenen Schaf (Lk 15,1–7) denken. Um ein einziges Schaf zu retten, verläßt der Hirte die anderen 99! Bezogen auf unsere Thematik kann dieses Gleichnis so interpretiert werden, daß eben nicht die Mehrheit und deren Glück/Nutzen entscheidend ist (Utilitarismus), sondern daß wir alles unternehmen müssen, um die Möglichkeit zum Helfen wahrzunehmen; und sei es auch nur zum Nutzen weniger Betroffener (z. B., wie erwähnt, Erbkranke u. ä.). Das ist bei dieser Sichtweise nicht nur legitim, sondern kann auch als Pflicht aufgefaßt werden. Die

Tatsache, daß die menschliche Gemeinschaft ihre Schwachen und Hilfsbedürftigen schützt und sich um ihr Wohl kümmert (im Gegensatz zu tierischen Gemeinschaften), zeichnet sie unter anderem gerade als human aus.

Dies alles müssen wir bedenken und in seinen Auswirkungen berücksichtigen. Vor allem ist es heutzutage geradezu zur Pflicht und ethischen Forderung geworden, daß wir uns um Sachwissen bemühen müssen, um überhaupt eine Grundlage für adäquate ethische Reflexion zu haben. Darüber hinaus ist die Übernahme und Bejahung von Verantwortung unumgänglich, weil wir über die Bedingung für Verantwortung verfügen, nämlich Macht.

Wir alle verfügen über Macht, wenn auch in unterschiedlichem Maße; keiner von uns ist gänzlich machtlos. Sobald wir über Macht verfügen, geht damit untrennbar die Verantwortung einher, die wir für dasjenige übernehmen müssen (ob wir wollen oder nicht), was wir bewirken und anrichten. Nur derjenige braucht keine Verantwortung zu übernehmen, der absolut nichts anrichten kann – und dazu gehören *wir nicht!*

Zwar meinen nicht wenige, daß ihre Macht sehr gering und kaum spürbar sei und sie daher auch kaum Verantwortung trügen. Aber das ist ein Trugschluß! Im Gesamtzusammenhang wirken wir alle mit, und sei es nur durch bloßes Verbrauchen und Zulassen. Auch *nicht* zu handeln ist gleichbedeutend mit *doch* handeln. Darüber müssen wir uns im klaren sein. Schon dadurch, daß wir an den Früchten des Systems teilhaben, wirken wir alle bei der Gestaltung unserer Gegenwart und vor allem der Zukunft mit. Daher sollten wir uns vor Augen halten, daß wir uns nicht aus der Verantwortung stehlen können. Sie ist heute aufgrund der veränderten Handlungsmöglichkeiten auf sämtliche Lebensformen ausgeweitet und damit universal.

So bleibt angesichts der gegenwärtigen Probleme und ihrer Folgen für die nachfolgenden Generationen wie auch die unterschiedlichsten Lebensformen die Frage »Dürfen wir, was wir können?« zwar formal eine Frage, aber inhaltlich wird sie zu einer Warnung, zu einem Appell, verantwortungsbewußt, wachsam und kritisch zu sein. Sie wird zu einem Appell, den zu überhören wir uns nicht mehr leisten können.

Die in der Kapitelüberschrift gestellte Frage ist hier bewußt nicht im Sinne einer Vorgabe beantwortet worden, sondern die Erörterung des Für und Wider und damit das selbständige Denken und Finden einer Antwort sind, entsprechend der Absicht des Buches, in die Eigenständigkeit des Lesers gegeben.

8. Fragen zur menschlichen Existenz – Was dürfen wir hoffen?

Diese Frage mutet so einfach an, und doch steckt in ihr so viel an philosophischer Problematik, daß eine Lösung im Sinne einer konkreten Antwort unmöglich ist. Hören Sie aber deshalb nicht auf zu lesen; ich glaube, Sie haben schon zuviel von der Philosophie erfahren, um solch eine einfache Lösung zu erwarten, lieber Leser. Um jedoch gerade bei dieser schwierigen Thematik nicht ins Uferlose zu geraten, empfiehlt es sich, systematisch vorzugehen und mit dem Grundlegendsten zu beginnen: dem menschlichen Dasein oder, wie es in der Philosophie heißt, der *Existenz*. Ihrer Erörterung schließen sich Reflexionen über die Fragen des Todes und des Sinnes des Lebens an.

Der Begriff *Existenz* kommt aus dem Lateinischen und bedeutet soviel wie »heraus-, hervortreten, vorhanden sein«: Leben, Dasein, Wirklichkeit. Aber in philosophischer Hinsicht gehört zur Existenz weit mehr als nur das rein materielle Vorhandensein. Beziehen wir die Theorien insbesondere der deutschen Philosophen Jaspers und Heidegger in die Überlegungen ein, dann ist das Existieren wesentlich gekennzeichnet durch den Begriff der Bewegung, des Hinaus-stehens, in dem Sinne, daß Existenz die Bestimmung dessen nennt, was der Mensch im Geschick der Welt und der Wahrheit ist. MARTIN HEIDEGGER bezeichnet die Existenz auch als die

»Substanz« des Menschen.[1] Auf einen verständlichen Nenner gebracht, kann man sagen, durch die Existenz im hier gemeinten philosophischen Sinne wird das Wesen des Menschen mit ausgedrückt, das ihn nicht nur auszeichnet, sondern ihm auch Aufgabe ist. Die Vollzugsweise seines Daseins macht eigentlich die Existenz des Menschen aus. Und das zeigt deutlich den Unterschied zum rein physischen Vorhandensein. Ein Baum oder ein Hirsch sind auch »da«, leben, aber sie »existieren« nicht, weil ihnen dazu die verschiedenen Möglichkeiten der Lebensgestaltung fehlen, die gerade menschenspezifisch sind.

KARL JASPERS weicht in seiner Philosophie der Existenz des Menschen nennenswert von den Vorstellungen Heideggers ab. Wir haben solche Differenzen beim Vergleich verschiedener Theorien nun schon mehrfach kennengelernt. Jaspers vertritt eine Existenzphilosophie des Scheiterns. Zur wahren Existenz kann der Mensch nach seiner Auffassung nur durch extreme Situationen finden, die ihn gänzlich an die Grenze seines Vermögens stellen, die sogenannten »Grenzsituationen« in Schuld, Leiden, Tod etc. Der Grund ihrer Bedeutung für den Menschen liegt – und das ist besonders interessant – darin, daß sich in diesen Grenzsituationen ein Widerständiges zeigt, also etwas, das dem menschlichen Sein feindlich gegenübersteht und nicht in dieser physikalischen Welt aufgehoben bzw. gelöst werden kann. Deshalb weist die Existenzphilosophie Jaspers' auch ganz deutlich transzendente Merkmale auf, d. h., sie geht über das Reale und Erfaßbare innerhalb der physikalischen Welt hinaus in den Bereich des Metaphysischen.

Spricht man über Existenz und Existenzphilosophie,

---

[1] Vgl. MARTIN HEIDEGGER, *Sein und Zeit,* Tübingen, 1967. S. 41 ff.

dann darf man nicht versäumen, den französischen Existentialismus zu erwähnen, der besonders von SARTRE mitbegründet wurde und der sich wiederum von den Theorien Heideggers und Jaspers' klar unterscheidet. Nach Sartre ist die Existenz in der Tat nichts anderes als das materiell-physikalische Vorhandensein von etwas. So hat der Mensch eben diese Existenz als erstes, und danach erst »macht« er sich, entwirft sozusagen sein Wesen. Nach dieser Theorie ist nichts vorgegeben, sondern die Existenz des Menschen ist gleichbedeutend mit völliger Freiheit, die der Mensch sich nicht selbst gewählt hat, sondern zu der er »verurteilt« ist. Er muß sein Wesen erst schaffen, muß sich zu dem machen, was er dann sein wird.

Ich denke, es ist deutlich geworden, daß der Begriff *Existenz philosophisch verstanden* (und eine andere Interpretation scheint mir weder sinnvoll noch zulässig) immer nur auf den Menschen bezogen sein kann als denkend, an seinem Wesen und seinem Geschick wirkend. Aus diesem Grund kann der Begriff auch nie isoliert für sich aufgefaßt werden, sondern in seinem Gefolge eröffnen sich weitere Problembereiche, von denen als erstes die Verantwortung zu nennen ist, aber auch die Pflicht zum Existieren, die uns aufgegeben ist und der wir nicht entrinnen können.

Läge es an uns selbst, ob wir leben oder nicht, so stellte sich vermutlich die Problematik, die mit der Existenz verbunden ist, gar nicht, zumindest aber nicht in der Intensität, wie dies der Fall ist. Dadurch aber, daß wir (natürlicherweise) ohne unser Dazutun in diese Welt gestellt sind und somit an einem der beiden entscheidenden Ereignisse unseres Lebens (das andere ist der Tod) überhaupt nicht beteiligt sind und uns das Leben aufgezwungen ist (will man es negativ ausdrücken) oder geschenkt worden ist (bei positiver Sichtweise), müssen wir im Realisieren unseres Wesens, im zitierten Sinne für unsere Existenz die Verantwortung übernehmen, ob wir wollen oder nicht. Daß hierin auch die Möglichkeit steckt, zu fehlen und nicht nach unseren Möglichkeiten zu *existieren,* versteht sich von selbst und führt zu weiteren Problemen, auf die wir an anderer Stelle noch eingehen werden.

Schauen wir uns jedoch die Entwicklung des Prozesses einmal genauer an, den der Mensch, bezogen auf sein Dasein *und* seine Existenz (den Unterschied kennen wir bereits), durchläuft, damit wir die Zusammenhänge der einzelnen Sachverhalte und vor allem der verschiedenen Problemfelder besser verstehen lernen. Der Mensch ist sich am Beginn seines Lebens dieser Existenz in keiner Weise bewußt, er hat auch keine Vorstellung vom Ich als Subjekt und Individuum, sondern er muß seine eigene Existenz sozusagen erst über verschiedene »Hilfsstationen« erfahren, um sie schließlich als solche erkennen und begreifen zu können. In der frühen Lernphase ist das Kind in seinem Interesse vorrangig, manche sagen ausschließlich, und sei es auch nur zur Befriedigung seiner Bedürfnisse, auf Objekte gerichtet, die außerhalb seiner selbst liegen. Über diese Objekte allmählich Wissen erlangen zu wollen ist, wie wir schon am Beginn dieses Buches erfahren haben, ein typisch menschliches Bedürfnis.

Erst allmählich richtet sich das in immer zunehmenderem Maße denkende Wesen in seinem Interesse im philosophischen Sinne auf die eigene Person. Sie wird als problematisch erfahren (eine Phase, die alle Eltern von ihren Kindern kennen, und sie sind froh, wenn sie überwunden ist). Um eine ausführliche psychologische Erörterung zu vermeiden, die hier nicht Gegenstand ist, wollen wir diese Phase kurzerhand als die der Identitätsfindung bezeichnen, in der der junge Mensch allmählich versteht, wer »Ich« ist und was es mit dieser Person auf sich hat. »Wer bin ich? Warum bin ich da?« sind *die* Fragen dieser Zeit. Philosophisch ist diese Zeit so interessant wegen der damit verbundenen Hinwendung zum Ich als Subjekt. Denn hier wird deutlich, daß der Mensch seine als *eigen* erkannte Existenz nicht einfach fraglos als gegebene Tatsache hinzunehmen gewillt ist, sondern daß er nach einsehbaren Erklärungen dafür sucht, indem er die grundlegendsten und legitimsten Fragen stellt, indem er die Richtung seines Denkens und Fragens nicht mehr nur gradlinig von sich weg auf Objekte richtet, sondern indem er sie zurückbiegt auf sich selbst (reflektiert).

Mit dieser besonderen geistigen Leistung scheint der Mensch sich aber nur Probleme einzuhandeln, denn das Bewußtsein der eigenen Existenz bringt die Einsicht in die damit verbundene Verantwortlichkeit, und zwar die *eigene Verantwortlichkeit,* von der ihn nichts und niemand entlasten, entbinden kann (vgl. Sartre)! Ihr muß der Mensch sich stellen.

Die thematische Verflochtenheit mit dem Ethik-Kapitel und der dort vorgenommenen Erörterung über die Willensfreiheit dürfte deutlich sein, denn die hier geführte Argumentation kann nur dann sinnvoll sein, wenn die indeterministische Position bezogen und eine Willensfreiheit angenommen wird. Ohne Willensfreiheit gibt es keine Verantwortung; auch nicht für die eigene Existenz. Bejahen wir diese aber, dann kann die Verantwortung zur Bürde werden (was wohl auch die Regel sein dürfte), die der einzelne alleine zu tragen hat, weil nur *er* es sein kann, der die Entscheidungen hinsichtlich seiner Existenz trifft oder zuläßt. In diesem Sachverhalt zeigt sich die Verlassenheit des Menschen, obwohl er inmitten einer Gesellschaft lebt. Jeder ist, bezogen auf seine individuelle Existenz, verlassen und damit in eine der wenigen extremen Situationen des Lebens gestellt.[1] Sartre, aber auch Kierkegaard und Jaspers, um nur einige Philosophen zu nennen, identifizieren diese Angst als spezifisch menschliche Befindlichkeit. Es handelt sich dabei um die Angst des Verlassenseins, des Trotzdem-entscheiden-Müssens, die Angst, zu fehlen oder seiner Existenzaufgabe nicht gewachsen zu sein. Ich denke, daß jedoch nur in der Überwindung dieser Angst Möglichkeiten zu sehen sind, die eigene Existenz zu schaffen und sein Wesen zu gestalten. Passivität wäre das schlimmste Resultat und das Ende eines jeden philosophischen Reflexionsprozesses.

Diese Art der Angst ist jedoch nur eine Facette von vielen. Aus einer weiterführenden Analyse geht hervor, daß die Existenz sehr eng mit ihrem Gegenteil verbunden ist: der Nicht-Existenz oder dem Tod. Nicht selten beginnt die Reflexion über die eigene Existenz (physisch und geistig/philosophisch) mit der Erfahrung erster Grenzsituationen. Ich denke dabei an ein Kind, das den Tod der Großeltern oder eines Verwandten erlebt. Sind aufgrund der Entwicklung die Möglichkeiten und Strukturen seines Denkens entsprechend weit gebildet, dann erkennt dieses Kind, daß der Tod nicht etwas ist, das nur die anderen betrifft, sondern aufgrund seiner Artgleichheit mit den Betroffenen schließt es darauf, daß es dieses Ereignis auch auf *sich* beziehen muß. Es erkennt und begreift allmählich, daß der Tod etwas ist, das wie es selbst zu dieser Welt gehört. Der junge Mensch versteht, daß auch sein Leben einmal ein Ende haben wird. Auch diese Erkennt-

[1] Vgl. J. P. Sartre, *Ist der Existentialismus ein Humanismus,* in »Drei Essays«, Ullstein, Frankfurt/Main, 1986, S. 11 ff.

nis ist Teil dessen, was wir vorhin als »Existenz« bezeichnet haben. Je deutlicher die Erkenntnis des unausweichlichen Todes wird, um so intensiver erwächst ein neues Problem, das wieder in einer Angst besteht, und zwar diesmal der Angst vor dem Tod.

Wir wissen trotz aller medizinischen und wissenschaftlich-biologischen Kenntnisse im Grunde über das Wesen des Todes, über seine Funktion, seine Bedeutung und vor allem über das, was nach ihm kommt, nichts. Nichts zu wissen, auch das haben wir bereits am Beginn dieses Buches erfahren, als es um die Entwicklung des Denkens und der Philosophie ging, widerspricht nicht nur den menschlichen Interessen und Bestrebungen, sondern schafft auch Unsicherheit und jene Angst, die die Menschen mit dem Ereignis des Todes verbinden. Hier bietet sich ein weites Betätigungsfeld für Psychologen, die sich damit auseinandersetzen, warum der Mensch so bemüht ist, den Tod bzw. die Gedanken an ihn meist zu verdrängen. Dieses Bemühen drückt sich bezeichnenderweise auch deutlich in der Sprache aus. In der Umgangssprache wird das Wort »sterben« durch eine Vielzahl anderer, harmloser oder »robust« klingender Ausdrücke ersetzt, von denen »hopsgehen« nur ein sehr harmloses Beispiel ist.

Kehren wir zu der angesprochenen Angst vor dem Tode zurück, die in philosophischer Hinsicht von Bedeutung ist. Wir setzen sehr häufig den Tod mit einem Ende gleich, dem wir vom ersten Augenblick unserer Zeugung an als Teil dieser materiellen und damit vergänglichen Welt unaufhaltsam zustreben. Diese Denkweise steht in starkem Gegensatz zur christlichen Religion, nach der der irdische Tod den Eingang ins Paradies bedeutet und durchaus nichts Furchterregendes an sich hat, bringt er doch die ewige Seligkeit (wenn wir von der

Drohung ewiger Strafen einmal absehen). Der Glaube scheint mir auch eine der ganz wenigen Möglichkeiten zu sein, die Angst vor dem Tod zu überwinden. Aber nicht nur die Ungewißheit macht uns Angst, sondern auch die Sorge, etwas nicht zu Ende bringen zu können. Ein Motiv, das viele Künstler gegen Ende ihres Lebens in einen wahren Schaffenszwang zu bringen vermag.

Das Wissen um den Tod und die damit zusammenhängende Suche nach einer Antwort auf das *Warum* der eigenen Existenz stellen uns vor die damit untrennbar verbundene, man sagt in der Philosophie »essentielle« Frage nach dem Sinn des Lebens. Daß ein Sinn erwartet wird, läßt sich aus der Art der Frage erschließen, denn auf ein *Warum* wird in der Regel ein *Darum* erwartet. Dies wird im folgenden einer näheren Betrachtung zu unterziehen sein.

Die meisten Menschen sträuben sich dagegen, lediglich ein Produkt des bloßen Zufalls zu sein und letztlich keinen Sinn zu erfüllen. Jeder, der sich in der Natur umschaut, stellt fest, daß in ihr alles auf wunderbare Weise geordnet und zusammengefügt und auf ganz bestimmte Zwecke hin orientiert ist. Dies läßt sich an unzähligen Beispielen verdeutlichen. Schon die alten Griechen sehen im Kosmos, in der Welt, in allem Natürlichen Zwecke, die erfüllt wurden, und der weiterführende Gedanke von göttlicher Ordnung sowie Zweck- und Sinngebung findet sich bei den Philosophen der unterschiedlichsten Epochen, einschließlich der Gegenwart (z. B. H. Jonas, *Das Prinzip Verantwortung*). Der deutsche Philosoph Gottfried Wilhelm Leibniz (1646–1716) formulierte die Bedeutung der Welt entsprechend seinem gläubig-optimistischen Denken, indem er sie als »die beste aller möglichen Welten«[1] bezeichnete. Damit ist die hervorragende Stellung der Welt als Schöpfung Gottes gemeint, die durch göttliche Harmonie und damit natürlich mit einer Sinngebung gekennzeichnet ist. Wenn die Denkweise von Leibniz und vielen anderen Philosophen zutrifft, dann darf erwartet werden, daß nicht nur die physikalische Welt ihren Zweck und ihren Sinn hat, sondern in viel größerem Maße die Menschen als Wesen mit Geist, die in dieser Welt eine hervorragende Stellung einnehmen.

Es gibt eine Vielzahl an Möglichkeiten, den Begriff »Sinn« zu interpretieren. Wir beschränken uns auf diejenige, die für das Bemühen um eine Beantwortung der gestellten Frage von Bedeutung ist als »einem höheren Zweck, einer höheren Bestimmung dienend, die besonders geeignet ist, das Leben als lebenswert zu sehen«. Es klang schon an, daß die Frage nach dem Sinn des Lebens im allgemeinen weniger dahingehend gemeint ist, *ob* es diesen Sinn gibt, sondern sich vielmehr darauf bezieht, *worin* er besteht. Dabei schwingt deutlich ein Sollencharakter mit, eine Erwartung sozusagen, die einzulösen ist. Das Leben soll etwas beinhalten und deutlich werden lassen, das der Mensch aus Überzeugung bejahen kann. Das Leben soll in seinem Wesen so beschaffen sein, daß es aufgrund dieses Merkmales lohnt. »Daß diese Forderung erfüllt werde, das gilt für den Menschen als Voraussetzung dafür, eben dieses so geartete Leben zu bejahen.«[2]

Wir sagten, *wenn* die Theorien zutreffen. Genau an dieser Stelle liegt aber ein entscheidendes Problem, das

[1] Vgl. G. W. Leibniz, *Metaphysische Abhandlungen,* in: »Leibniz – die Hauptwerke«, Kröner, Stuttgart, 1967, S. 28 ff.; 142.

[2] *Handbuch philosophischer Grundbegriffe,* Bd. 5, Hrsg. H. Krings u. a., Kösel, München, 1974, S. 1336.

darin besteht, daß wir in dieser Frage über keinerlei wissenschaftlich abgesicherte Erkenntnisse verfügen. Das wiederum bedeutet, es besteht Unsicherheit über diese Frage. Hierin ist begründet, daß es so unterschiedliche, ja entgegengesetzte Auffassungen über dieses Problem der Sinnsetzung in der Philosophie gibt und keine der Theorien letztlich für sich absolute Gültigkeit beanspruchen kann.

Wir haben bereits einen Philosophen kennengelernt, der sehr eigene Wege gegangen ist, auch bezüglich der Sinnfrage: NIETZSCHE. Nach seiner Ansicht gibt es weder in der Natur irgendwelche Zwecke, noch kann der Mensch eine Sinngebung erwarten. Der bloße Zufall regiert alles Geschehen und Sein, das demzufolge durch Sinnlosigkeit gekennzeichnet ist. Aber auch einige der bedeutenden französischen Existentialisten vertreten eine im Ergebnis gleiche Theorie von der Sinnlosigkeit des Seins. Denken wir an Jean Paul Sartre oder Albert Camus. SARTRE versteht den Menschen als freies Wesen, das zu dieser seiner Freiheit verurteilt ist, weil es ihr nicht ausweichen kann und von ihr Gebrauch machen *muß,* ob es will oder nicht. Auf der Grundlage dieser Freiheit, wir haben es bereits erfahren, muß der Mensch sein Wesen selbst »schaffen«. Ein Vorhaben, das er nach Sartre jedoch niemals erfüllen kann. Damit wird nicht nur der Freiheitsbegriff absurd, sondern auch die Grundsituation und die Aufgabe sowie das Bemühen des Menschen. ALBERT CAMUS bringt seine Ansicht von der Absurdität der Situation des Menschen durch den faszinierenden, aber auch deprimierenden Mythos von Sisyphos zum Ausdruck. Ein Mensch (Sisyphos) wälzt für alle Ewigkeit einen schweren Stein unter Aufbietung seiner gesamten Kräfte einen Berg hinauf, ehe dieser auf der anderen Seite hinabrollt und das Ganze von vorne beginnt.

Eine furchtbare Vorstellung; wer möchte da der Sisyphos sein?!

Angesichts dieser Theorien drängt sich natürlich die Frage auf, wie Menschen damit leben können, ohne zu verzweifeln. Das *Hoffen* auf einen Sinn und damit auch auf ein Ziel ist doch gerade ein spezifisch menschliches Anliegen. Wir können es als die geistige und emotionale Orientierung an einem Wert verstehen, der so hoch beurteilt wird, daß sein Begehren und möglicherweise Verwirklichen die Anstrengungen lohnt. Der Mensch wird, darüber besteht Einigkeit, als das Wesen verstanden, das nicht nur in Vergangenheit und Gegenwart, sondern entscheidend in der Zukunft und deren geistiger Vorwegnahme lebt, das sich planend auf diese Zukunft hin in seinem Wesen bildet und formt (existiert). Gerade deshalb scheint mir eine Sinngebung von so großer Bedeutung.

Wir finden in der Philosophie natürlich auch Theorien, die einer Sinngebung positiv gegenüberstehen und damit wahrscheinlich wesentlich eher für das eigene Leben übernommen und zur Beantwortung der Frage »Was dürfen wir hoffen?« herangezogen werden können. Hier sehe ich an erster Stelle die religiöse Auffassung, im biblischen Glauben die Sinngebung zu sehen, im Erlöstsein durch Christus. Dieses Erlöstsein bezieht sich nicht nur auf die Zukunft, sondern ist bereits in der Vergangenheit begründet und damit schon Wirklichkeit geworden. Die religiöse Sinngebung und die Hoffnung auf Gott prägen und charakterisieren weite Kulturkreise und stehen als geschenkte Gnadengabe (Offenbarung) nihilistischen Theorien gegenüber. Wieviel Kraft und Zuversicht aus ihr zu schöpfen ist, erfahren Menschen täglich. Man hüte sich sehr davor, den religiösen Glauben und dessen Sinngebung als ein Angebot für Unkritische abzutun! In ihm zeigt sich sehr deutlich, daß Theologie und

Philosophie durchaus nicht von Natur Gegnerinnen sind, sondern daß sie im gemeinsamen Anliegen bemüht sein können, sich gegenseitig zu durchdringen.

Neben der religiösen Sinnsetzung finden wir jedoch auch andere Ansätze und Theorien, wie etwa die *biologische.* Wir wissen vom Kreislauf der Natur, der in einem ständigen Werden und Vergehen besteht. Grundsätzlich besteht die Möglichkeit, den Sinn des Lebens darin zu sehen, biologische Voraussetzung für andere organische Lebensformen zu sein und sich als ein Glied in der Kette des Kreislaufs der Natur zu verstehen. Dies ist allerdings ein Gedanke, mit dem sich nur wenige so sehr anfreunden können, daß diese Vorstellung ausreicht, um in ihr den Sinn des Lebens anzunehmen. Auch die etwas erweiterte Sichtweise, der Sinn des Lebens bestehe in der Arterhaltung und man lebe demzufolge, um seinen Nachkommen das Leben zu ermöglichen, vermag viele nicht zu überzeugen, die ein anspruchsvolleres Ziel setzen möchten.

Mit dem biologischen Sinn eng verknüpft ist der *evolutionistische.* Das bedeutet, im Rahmen der Evolution den Sinn seines Lebens darin zu sehen, an der Entwicklung und ständigen Verbesserung der Gattung »Mensch« sowie deren Lebensbedingungen mitzuwirken. Diese Sichtweise geht erheblich über die beiden anderen hinaus und bezieht in sehr viel stärkerem Maße den Menschen als vernunftbegabtes Wesen ein. Ob diese Auffassung jedoch dem individuellen Leben einen hinreichenden Sinn geben kann, mag der Leser entscheiden.

Schließlich soll noch der historische Sinn vorgestellt werden, den viele Philosophen, Soziologen und Historiker in der Menschheits-*Geschichte* sehen. Als deren Ziel, dem das Leben des einzelnen zu dienen hat und worin sein Sinn sich erweist, wird ein idealer Endzustand der gesamten Menschheit angenommen. Diese Position findet sich vorwiegend in Ideologien, etwa im Marxismus. Jedoch ist bei ihr immer ein wenig Unbehagen auf der Seite der Individualisten bemerkbar, nach deren Ansicht der einzelne dann immer mehr im Räderwerk des kollektiven Getriebes verlorenzugehen droht. Der Gedanke an das Große und seine Bedeutung kann tatsächlich dazu führen, daß das *Ich* mit seinen Belangen zur Bedeutungslosigkeit degradiert wird. Eine Gefahr, auf die zumindest hinzuweisen ist.

Die dargelegten Ansätze und Theorien, die nur eine kleine Auswahl darstellen können, sollten kritisch reflektiert und befragt werden. Dabei mag der Leser zu der Feststellung kommen, daß einige von ihnen das *Ich* und damit die Individualität stärker, andere weniger deutlich zum Ausdruck und zur Wirkung kommen lassen. Ist eine Sinngebung so geartet, daß sie zu *ichfern* ist, dann besteht die große Gefahr, daß sie abgelehnt wird und nicht zur Anwendung kommt.

In diesem Zusammenhang sei abschließend auf folgendes kritisch hingewiesen: Wir haben gesehen, daß keine der angebotenen Sinngebungen so vollkommen ist, daß sie uneingeschränkt angenommen werden könnte. Dies kann vernünftigerweise weder verlangt noch in der Realität eingelöst werden. Versprechungen, den Sinn des Lebens allgemein gültig anbieten zu können, sind unphilosophisch und unseriös. Das Bemühen um eine Sinnsetzung kann immer nur ein Suchen und Streben sein, entsprechend dem Wesen der Philosophie. Daher kann auch nicht von ihr als der »zuständigen« Wissenschaft (wie viele meinen) erwartet werden, daß sie diesen Lebenssinn »parat hat«. Was die Philosophie leisten kann, muß realistisch und vor allem bescheiden gesehen werden: Sie kann Möglichkeiten anbieten, die bei der Auseinandersetzung mit dieser so schwierigen Problematik helfen können, daß der einzelne ihr nicht gänzlich hilflos gegenübersteht. Sie kann sozusagen lediglich »Geburtshilfe leisten«, wie Sokrates dies einmal sehr treffend formuliert hat, sie kann Hilfestellung anbieten, mehr nicht!

Was wir also hoffen dürfen, ist, daß es einen Sinn des Lebens gibt und daß wir in unserem Bemühen, ihm näherzukommen, erfolgreich sein können, weil die Auseinandersetzung mit der Problematik geeignet ist, uns mit gewinnbringenden und unseren Bewußtseinshorizont erweiternden Auffassungen in Berührung zu bringen. Die Beschäftigung mit diesen Fragen und die Suche nach Antworten, auch wenn es keine *letzten* Antworten sind, muß der einzelne selbst leisten (vgl. Wesen der Existenz!). Dies ist nicht als frustrierendes Alleingelassenwerden zu verstehen, sondern als ein Bemühen, Selbständigkeit zu erzielen.

Noch eines sei angemerkt: Durch den engen Bezug der philosophischen Disziplinen zueinander und die deutliche Verzahnung ihrer Gegenstandsbereiche wird erkennbar, daß die Philosophie den Menschen nicht in Teilbereiche »zerlegt«, sondern zu einem ganzheitlichen Verständnis führen möchte. Ein Verständnis, das gerade heute in den unterschiedlichsten Bereichen zum Tragen kommt (Ökologie, Medizin, Therapien). Dieses Bemühen wird im folgenden Kapitel über die philosophische Anthropologie fortgesetzt.

9. Was ist der Mensch?

Auf diese Frage eine Antwort zu geben, sollte wohl nicht allzu schwierig sein, denn schließlich sind wir ja alle Menschen, und es wäre doch sehr merkwürdig, wenn wir Probleme mit ihrer Beantwortung hätten – so sollte man meinen.

Fangen wir also an: Der Mensch ist ein organisches Lebewesen, das ... Nun, lieber Leser, versuchen Sie doch bitte einmal selbst, die Antwort zu geben, und Sie werden feststellen, daß die geforderte Definition unbefriedigend bleibt, sosehr wir uns auch bemühen, immer mehr ergänzende Eigenschaften hinzuzufügen. Daß wir zum Beispiel denkende Lebewesen sind, gehört entscheidend zu unserem Wesen, aber es macht noch nicht allein unser Menschsein aus, ebensowenig wie der Gebrauch von Werkzeugen oder die Tatsachen, daß wir lachen oder spielen, empfinden oder schreiben können.

Selbst der Glaube daran, daß wir Geschöpfe nach dem Bilde Gottes sind, führt noch nicht zum Ziel; treten doch atheistische Denker auf, die dies gänzlich in Frage stellen. Und auch auf deren Einwände muß eine Bestimmung des Begriffs »Mensch« schließlich eingehen.

Es ist schon seltsam: Da sind wir allesamt Menschen und können uns noch nicht einmal ohne weiteres selbst definieren!

Das hängt neben anderen Schwierigkeiten auch damit zusammen, daß die zu einer Definition hinreichenden und notwendigen Aussagen so generell sein müssen, daß sie in jedem Fall zutreffen. Und wir haben ja schon in dem Kapitel über erkenntnistheoretische Probleme erfahren, daß es *den* Tisch, *den* Baum usw. in der Wirklichkeit gar nicht gibt. Und nicht anders ist es auch mit *dem* Menschen. Auch ihn gibt es in der Wirklichkeit nicht. Es gibt eine Unzahl einzelner Menschen mit mehr oder weniger gleichen oder ähnlichen Merkmalen, aber auch mit vielen, vielen Unterschieden. Als wäre das nicht schon genug, sind darüber hinaus die Schwierigkeiten einer Definition auch noch in den unterschiedlichen Sichtweisen differierender Kulturkreise und Epochen begründet. Je nachdem, ob man den Menschen vorrangig als Geschöpf Gottes und nach dessen Bilde geschaffen versteht, ihn atheistisch z. B. nur als Vernunftwesen sieht oder ihn als ein Ergebnis der Evolution auffaßt, wird auch die Definition entsprechend ausfallen.

So können wir feststellen, daß es im Grunde gar kein einheitliches Bild vom Menschen gibt, sondern daß im wesentlichen drei Auffassungen vom Menschen bestehen, die miteinander konkurrieren und unvereinbar zu sein scheinen.

a) die jüdisch-christliche,
b) die griechisch-antike und
c) die der modernen Naturwissenschaften.[1]

Neben der Philosophie gibt es eine ganze Reihe weiterer Wissenschaften, die sich mit dem Menschen beschäftigen und ihn unter dem Blickwinkel *ihrer* Aufgabenstellung betrachten und damit *Anthropologie* betreiben. (Im Griechischen bedeutet »anthropos« Mensch und »logos« Wissen). So sprechen wir also von einer theolo-

[1] Vgl. Max Scheler, *Die Stellung des Menschen im Kosmos,* München, 1978, S. 9.

gischen Anthropologie, einer psychologischen, einer medizinischen, einer soziologischen, um nur einige zu nennen. Von ihnen allen unterscheidet sich die philosophische Anthropologie, der es vorrangig darum geht herauszufinden, was der Mensch in philosophischer Hinsicht überhaupt ist, was seine Besonderheiten sind, was ihn von allen anderen Lebewesen *wesensmäßig* unterscheidet, woher er seinen Herrschaftsanspruch nimmt und wie es um die Legitimation, die Rechtmäßigkeit und Vertretbarkeit dieses Anspruches steht. Auch Fragen und Probleme, die sich daraus ergeben, daß der Mensch das einzige Wesen ist, das nach Erkenntnis strebt und das handelt, werden in der philosophischen Anthropologie betrachtet, und es wird versucht, Antworten und Lösungen zu finden und so einen Zipfel vom Schleier des Unbekannten zu lüften – eine große Aufgabe, zugegeben!

Aber schon die Tatsache, daß der Mensch sich solch eine Aufgabe vornimmt und über sich selbst als Wesen etwas wissen will, daß er also über sich selber nachdenkt, ist Gegenstand der philosophischen Anthropologie und führt uns direkt mitten hinein in die Thematik dieser Disziplin. Denn sich selbst und seine eigene Art (Gattung) zum Gegenstand seiner Überlegungen und seines Fragens zu machen, das kann außer dem Menschen kein anderes Lebewesen.

Bei dem Bemühen, den Menschen zu beschreiben oder gar einen Definitionsversuch zu wagen, stellt man fest, daß fast immer der Weg (oder vielleicht sollten wir besser sagen: der *Um-Weg*) über das Tier gemacht wird. Man grenzt den Menschen gegen das Tier ab und zeigt anhand der Unterschiede zwischen den beiden die wesentlichen Merkmale *unserer* Gattung auf. So wird beispielsweise die Ansicht vertreten, daß der Mensch, rein biologisch betrachtet, durchaus als Tier eingestuft werden kann; zwar als ein höchst *un*vollkommenes und im Grunde gar nicht lebensfähiges Tier, denn er hat keine körperlichen Vorzüge, die ihn besonders qualifizieren oder ihm nennenswerte Vorteile verschaffen. Im Gegenteil: Der Mensch ist, biologisch gesehen, ein Mängelwesen und hätte eigentlich gar nicht die Möglichkeit des Überlebens! Jeder Hund ist schneller als er, ungezählte Tiere sind stärker, durch ihre biologischen Gegebenheiten weit, weit überlegen, von der Natur wesentlich besser für den Lebenskampf ausgerüstet als der Mensch. Trotzdem sind nicht die Tiere auf der Welt dominierend, sondern die Menschen und damit diejenige Gattung, die mit am kürzesten auf unserem Planeten existiert. (Vgl. hierzu die Skizze auf Seite 43.)

Wir möchten hier, wo es vorrangig darum geht, Interesse und Verständnis für philosophische Themen zu wekken, nicht auf die entwicklungsgeschichtliche Problematik eingehen, sondern vielmehr auf die Fragen hinweisen, die die Sonderstellung des Menschen betreffen. Sie nämlich wird von fast allen Philosophen eingeräumt. Schon der französische Philosoph René Descartes, den wir ja schon kennengelernt haben, postulierte diesen Vorzug des Menschen. Insbesondere Philosophen der Neuzeit und der Gegenwart haben den philosophisch-anthropologischen Untersuchungen große Bedeutung beigemessen und Erhebliches geleistet. Dabei zeigt sich in fast allen Theorien, daß die Vernunft des Menschen eine herausragende Rolle spielt, weil aufgrund ihres Vorhandenseins weitere Sachverhalte erst möglich sind, wie etwa die Sprache, das Abstrahieren oder das Fragen überhaupt. Hierzu erfolgten ja schon einige Ausführungen, als es um die Entwicklung der Sprache ging. Sämtliche organischen Vorzüge der Tiere werden nicht nur aufgehoben, sondern durch das Vorhandensein der Vernunft bei weitem in den Schatten gestellt. Sie allein hat es unserer Gattung möglich gemacht, die Führungsrolle in der Welt zu beanspruchen, sie einzunehmen und nicht mehr herzugeben. Wenn man von Vernunft spricht, dann denkt man wahrscheinlich auch sofort an Intelligenz und meint, man könne ohne weiteres sagen, der Mensch sei das einzige Lebewesen, das Intelligenz besitzt. Das aber stimmt nachweislich *nicht.* Auch Tiere, insbesondere die höheren Arten, haben Intelligenz. Wir brauchen dabei nur an Hunde, Delphine oder Affen zu denken. Was sind nicht – gerade mit letzteren – schon für Experimente gemacht worden mit schier unglaublichen Ergebnissen! Die entsprechende Literatur bietet hier eine Fülle an Informationsmöglichkeiten für den interessierten Leser.

Die Frage ist dann aber, worin im wesentlichen der Unterschied zwischen Mensch und Tier besteht, wenn auch das Tier schon eine gewisse Form der Intelligenz hat. (Sie sehen, liebe Leser, auch wir sind jetzt bei der bereits angesprochenen vergleichenden Gegenüberstellung Tier–Mensch angekommen.)

Nun, ich möchte zunächst einmal der Klarheit wegen feststellen, daß nach meiner Ansicht ganz gravierende wesensmäßige Unterschiede zwischen Tier und Mensch vorliegen. Damit stelle ich mich wissenschaftlich gegen die Theorien einiger Soziologen, Biologen und auch Philosophen, die diesen wesensmäßigen Unterschied verneinen. Und zwar möchte ich die Art der Intelligenz, über die das Tier verfügt, in Übereinstimmung mit Max Scheler einmal die *praktische Intelligenz* nennen (vgl. S. 20).

Diese Art der Intelligenz ist immer und ausschließlich darauf gerichtet, ein *momentanes,* ganz bestimmtes Ziel zu erreichen, und auch nur dann, wenn entsprechend der Natur des Tieres ein Reiz vorgegeben ist. Nehmen wir zur Verdeutlichung dieses Gedankens folgendes Beispiel: Ein Affe befindet sich in einem Käfig, an dessen Decke ein Bündel Bananen hängt. Auf dem Fußboden liegen einige Stöcke, die ineinandergesteckt werden können, was der Affe aber nicht sofort durchschaut. Er wird sich nun mit allem Möglichen in seinem Käfig beschäftigen, es sei denn, eine entscheidende Voraussetzung ist gegeben: Er verspürt Hunger! In diesem Fall ist ein Bedürfnis vorhanden, das durch die Bananen als Nahrungsmittel eine Befriedigung erfahren kann. Das ist der Anlaß für den Affen, aktiv zu werden und alles Mögliche zu versuchen, aufgrund des bestehenden Reizes an die Bananen zu kommen. Versuche haben wiederholt bewiesen, daß dies sogar so weit gehen kann, daß er die Teleskopstöcke ineinandersteckt und die Bananen von der Decke angelt. Ein bewunderungswürdiger Sachverhalt, aber eben doch nicht mehr, als die bereits genannte *praktische Intelligenz*. (Sie ist auch die Grundlage für sämtliche Konditionierungen und Dressuren.)

Diese praktische Intelligenz wird erst dann eingesetzt, wenn ein Reiz besteht, der auf das Tier wirkt. Solange der Affe keinen Hunger hat, wird er kaum seine Aufmerksamkeit auf die Bananen und erst recht nicht auf deren Erreichen richten. Man sagt aufgrund solcher Erkenntnisse, daß Tiere grundsätzlich nach einem *Reiz-Reaktions-Schema* reagieren. Das zeigt auch, daß und wie sehr Tiere auf ihre Umwelt angewiesen sind. Eine Umwelt, die auf sie einwirkt, die ihren Lebensraum darstellt und der die Tiere sich anpassen.

Schon hier wird ein wesentlicher Unterschied zum Menschen deutlich. Der Mensch ist *nicht* auf einen Reiz angewiesen, der von außen kommen muß und auf den er nur re-agiert, sondern er kann sich selbst Ziele setzen, er kann willentlich deren Verwirklichung anstreben, ohne von den bloßen, naturgegebenen Notwendigkeiten veranlaßt zu sein. Und noch etwas: Der Mensch kann auch zu Reizen, zu Trieben und Bedürfnissen *»nein«* sagen! Er kann sich ihnen entgegenstellen. Gründe dafür gibt es viele, und ich möchte lediglich drei nennen:

Erstens kann der Mensch *nein* sagen, weil die Verwirklichung zu Problemen führen würde, die er nicht will, die ihm möglicherweise schaden. Nehmen wir beispielsweise den Eßtrieb, der sich während einer Konferenz bemerkbar macht und unterdrückt wird (zu dem momentan *»nein«* gesagt wird), weil es erheblichen Ärger brächte, wenn zu dieser Zeit das Butterbrot ausgepackt und gegessen würde.

Zweitens kann der Mensch sich die Befriedigung eines Bedürfnisses im Augenblick versagen, um durch diese relativ kurzfristige Entbehrung die Lust zu steigern. Es gibt beispielsweise viele Menschen, die sich bei den Mahlzeiten das Schmackhafteste bis zum Schluß aufbewahren und damit einen beabsichtigten Lust*gewinn* erzielen.

Und drittens schließlich können wir Bedürfnisse/Triebe sublimieren, das heißt »umlenken«, und damit vernunftmäßig steuern. Wir haben schon davon gesprochen, daß Triebe ungeheuer stark sein können. Diese Energie kann in vielen Fällen nutzbar gemacht werden, indem sie nicht für die Befriedigung des betreffenden Bedürfnisses/Triebes verwendet wird, sondern für etwas ganz anderes wirksam wird, indem sie also auf andere Ziele umgelenkt wird. So beruht zum Beispiel unter anderem der Gedanke der im Mittelalter häufig praktizierten Askese auf dieser Vorstellung. Körperliche Bedürfnisse und körperliche Lust wurden scharf verneint und unterdrückt, mit dem Ziel, die durch die Lustbedürfnisse geweckte Energie umzulenken in religiöse, geistige Tätigkeit.

Aus den bisherigen Darlegungen geht hervor, daß der Mensch einen von den Gegebenheiten der Natur unabhängigen Willen hat und daß *seine* Intelligenz etwas anderes ist als die praktische Intelligenz des Tieres, das lediglich auf seine Umwelt re-agiert. Beim Menschen ist die Situation vielmehr genau umgekehrt: Nicht die Umwelt formt ihn, nicht er paßt sich der Umwelt an, sondern *er* formt nach seinem Willen und mit seiner Vernunft, mit seinem Geist seine Umwelt, geht sogar über sie hinaus und formt Welt.

Beim Tier spricht man davon, daß es Umwelt beziehungsweise Welt *ist,* weil es im Gefüge dieser Welt als organisches Wesen existiert und nicht darüber hinausgelangen kann. Der Mensch aber *ist* nicht nur Welt, indem er ihr als organisches Lebewesen angehört, sondern er *hat* Welt, wie man in der philosophischen Anthropologie sagt. Das bedeutet, daß er auf eine ganz bestimmte Weise über ihr steht, sie handhaben, mit ihr umgehen, sie gestalten kann als ein Objekt. Und hier kommen wir nun zu einer ganz wesentlichen Erkenntnis. Während das Tier immer objektgerichtet ist und sein Ausgerichtetsein die gradlinige Struktur T→O hat, ist es dem Menschen möglich, die unterschiedlichsten Dinge und Sachverhalte zum Objekt seines Interesses zu machen, vor allem aber auch sich selbst: $\circlearrowright$M →( ): (vgl. S. 50). Dies ist ein essentiell wichtiges Vermögen! Der Mensch kann demzufolge sowohl zu den Dingen als auch zu sich selbst in eine Distanz treten und die Position eines »Beobachters« einnehmen. Grund dafür ist, daß er seinen Geist hat, der diese prinzipielle Möglichkeit aufgrund seiner Beschaffenheit potentiell in sich hat. Diese Fähigkeit, Distanz herzustellen, ist auch entscheidend dafür verantwortlich, daß der Mensch die unterschiedlichsten Sachverhalte hinterfragen, in Zweifel ziehen und überhaupt bedenken kann. Wissenschaft ist nur aufgrund dieser Fähigkeit möglich, denn zu fragen bedeutet, eben jene Distanz zum Selbstverständlichen einzunehmen und die Dinge nicht lediglich hinzunehmen. Vor allem sich selbst zum Objekt dieses eigenen Fragens zu machen und damit zu reflektieren (zurückstrahlen, spiegeln, nachdenken) ist die einmalige und weit über jedes tierische Vermögen hinausreichende Fähigkeit des Menschen. Das Tier lebt ohne Bewußtsein seines eigenen *Ichs,* für den Menschen ist dieses *Ich* lebensnotwendig und seine Erfahrung wesensmäßig!

Hier wird der Unterschied zum »Denken« des Tieres ganz deutlich und damit auch das völlig andere Etwas, das der Mensch hat und das ihm wesentlich zu seiner Sonderstellung verhilft, das sozusagen die Grundlage für sein Leben und dessen Gestaltung darstellt. Diese Fähigkeit zum Gestalten und Einrichten des Lebens ist natürlich nicht nur auf einen bestimmten Bereich begrenzt, sondern sie bezieht sich auf sämtliche Aspekte des menschlichen Lebens. Als Beispiele sollen hier zwei wesentliche Bereiche des Menschseins erörtert werden: der Mensch als arbeitendes Wesen und der Mensch als Gemeinschaftswesen.

Die Arbeit hat im menschlichen Leben eine wesentliche Funktion und einen hohen Stellenwert, auch wenn wir uns manchmal wünschen, es gäbe sie gar nicht und wir wären frei von ihr, weil wir sie als eine bedrückende Last empfinden. Dies ist zwar einerseits verständlich, aber andererseits zielen solche Empfindungen am Kern vorbei und beziehen sich nur auf einen ganz eng begrenzten Teil von Arbeit, der noch längst nicht die gesamte Bedeutung des Begriffes wiedergibt.

Lassen Sie uns auch hier des besseren Verständnisses

wegen wieder den Umweg über das Tierreich gehen. Ameisen und Bienen gelten geradezu als Musterbeispiele fleißiger Arbeiter, die unermüdlich ihre Aufgabe erfüllen, die ihnen von der Natur gestellt und in ihren Instinkt hineingelegt ist. Betrachten wir dieses Arbeiten, dann stellen wir fest, daß das Ziel dieser Tätigkeit stets die Erhaltung der Art und des eigenen Lebens ist. Dieses Merkmal von »Arbeit« findet sich bei sämtlichen Tierarten, und die Erhaltung des rein organisch-biologischen Daseins stellt den Zweck dar, dem alles andere als Mittel dient. Die Tiere »kennen« es nicht anders und erfüllen instinktiv ihre Aufgabe. Sie haben von den Naturanlagen her gar keine andere Möglichkeit, als sich so zu verhalten, wie es ihrer Gattung entspricht. Wir sehen schon: Hier fehlt ein ganz wesentlicher Aspekt, den wir Menschen zwar gern in das Tun der Tiere hineininterpretieren, der aber naturgegeben gar nicht vorhanden sein kann, nämlich der Aspekt des Wollens. Tiere *wollen* nicht arbeiten, sondern sie *müssen* arbeiten. Demzufolge ist es eine rein menschliche Sichtweise und Bewertung, wenn wir von den »fleißigen« Ameisen und Bienen sprechen.

Beim Menschen jedoch liegen die Dinge völlig anders. Zwar dient auch bei uns die Arbeit der Existenzsicherung, aber nicht ausschließlich! Dies hängt damit zusammen, daß der Mensch eben kein Instinktwesen ist, dessen Verhaltensweisen von der Natur festgelegt und vorgegeben sind, sondern daß er (zumindest nach den Überzeugungen vieler) einen Willen hat und über Verstand verfügt. Beide wirken in der Reflexion des Menschen über sich und die Welt, im Stellen der Sinnfrage sowie dem Tätigsein auf dieses Ziel hin zusammen. Schon hier dürfte klar werden, daß die Sicherung der bloßen organischen Existenz nicht der einzige Aspekt der menschlichen Arbeit sein kann, sondern daß sie *weit* mehr beinhaltet.

Der Mensch ist nun einmal aufgrund seiner Vernunft und seines Wollens auf einer wesentlich höheren Stufe als das Tier anzusetzen, weil er die menschentypische Frage nach dem *Warum,* nach dem Sinn von Arbeit stellt und dementsprechend handelt. Wir haben die grundsätzliche Frage nach dem *Warum* bereits kennengelernt, als es um den Sinn des Lebens ging. Jetzt begegnen wir ihr wieder in einem Teilbereich dieses Lebens: der Arbeit. Und die banale Antwort »Weil ich meinen Unterhalt sichern muß« genügt dem Menschen offenbar nicht, wie wir schon feststellten, und vermag ihn nicht zufriedenzustellen. In gleicher Weise, wie wir für unser Leben insgesamt einen Sinn auf höherer Ebene beanspruchen, tun wir dies auch in bezug auf unsere Arbeit. So kann eine zufriedenstellendere Antwort auf die Frage nach dem *Warum* unseres Tuns erst dann gefunden werden, wenn wir bedenken, daß der Mensch derjenige ist, der seine Umwelt beziehungsweise seine Welt gestaltet, sie verändert, an ihr arbeitet und in ihr wirkt, um sie nach seinen Vorstellungen und Bedürfnissen artgerechter zu machen. Die naturgegebene Welt wird durch das Tätigsein des Menschen, durch seine Arbeit im eigentlichen Sinne zu einer »künstlichen« Welt, indem der Mensch einen erheblichen Teil seines Denkens und seines Wesens in seine Arbeit hineinlegt, den er in ihren Ergebnissen auch wiederfinden möchte.

Hier tritt der Gedanke der Kreativität, des Schaffens in den Vordergrund. Arbeit dieser Art ist durchaus ursprünglich und menschengerecht und verhilft dem Arbeitenden, dem Schaffenden, zu einem hohen Maß an Befriedigung. Wir brauchen hier nur an einen Handwerker, beispielsweise einen Tischler, zu denken, der wochenlang an einem Schrank gearbeitet und nun das fertige Produkt vor sich hat. Mit Recht wird er Stolz auf das gelungene Werk empfinden, auf das, was er *gemacht* hat; und es wird ihm nicht schwerfallen, sich in diesem Geschaffenen wiederzufinden.

Nun mag man einwenden, daß es ja doch wohl sehr wenige Menschen gibt, die eine solche Beziehung zu ihrer Arbeit haben. Nicht jeder kann beispielsweise Handwerker mit derlei Erfolgserlebnissen sein. Und auch unter den Handwerkern gibt es heutzutage aufgrund von Rationalisierungsmethoden nur noch wenige wie den oben geschilderten. Doch dient unsere Erörterung dem Zweck, menschliche Arbeit *überhaupt* zu beschreiben, möglicherweise zu definieren. Das genannte Kriterium gehört, unabhängig von den jeweiligen Verhältnissen, unbedingt zum Begriff der menschlichen Arbeit hinzu. Daß die optimalen Bedingungen nicht an der Tagesordnung sind und nur für wenige Menschen zutreffen, das wissen wir. Um Gründe hierfür aufzuspüren, müssen wir bis in die Zeit der Industrialisierung zurückgehen und die Entwicklung von damals bis heute, den Weg in die hochtechnisierte Arbeitswelt verfolgen.

Mitte des 19. Jahrhunderts waren es Philosophen wie MARX und ENGELS, die erkannten, wie die wachsende Entfernung vom Sinn seiner Arbeit den Menschen immer mehr der Arbeit entfremdete, ihn regelrecht zerstörte und zur Sache degradierte.

Die hemmungslose Ausbeutung des Menschen, die ihm nicht nur die Möglichkeiten für die bloße Existenzerhaltung kaum gewährte, sondern ihn – neben der wirtschaftlich-materiellen Not – vor allem seiner Würde beraubte, war besonders anzuprangern. So ist es nicht nur allzu verständlich, sondern geradezu wohltuend, daß Denker auftraten, die diesen entsetzlichen Zustand beenden wollten und um philosophische Lehren bemüht waren, nach denen der Mensch als Mensch und nicht als Sache zu sehen war, und die ihm das wiederzugeben bestrebt waren, was er aufgrund der menschenunwürdigen Umstände verloren hatte.[1] Dieses Bemühen mußte zwangsläufig eine politische Angelegenheit werden, weil es hier um Machtstrukturen und Machtverteilung ging. Und wir sehen, daß auch damals (wie bereits zu Beginn dieses Buches erwähnt) Philosophie politisch sein mußte. Hieran hat sich bis heute nicht viel geändert. Die erlösende Absicht, die in den Grundgedanken des Marxismus enthalten ist, ist durchaus positiv zu werten.

Zum besseren Verständnis sollten wir uns die Situation zur damaligen Zeit etwas näher betrachten. Es gab sehr viele Arme und wenige sehr Reiche. Letztere verfügten über alle wirtschaftlichen Möglichkeiten, erstere hatten nur ihre Arbeitskraft und sich selbst in die Waagschale zu werfen. Durch die Industrialisierung waren sehr viele Arbeitsplätze weggefallen, und durch die sogenannte Landflucht in die Städte und Ballungszentren der Industrie standen dort erheblich mehr Arbeitskräfte zur Verfügung, als benötigt wurden. Soziale Absicherungen irgendwelcher Art waren damals völlig unbekannt, und so blieb den Menschen nichts anderes übrig, als sich – ganz im Interesse der Reichen und Besitzenden – gegenseitig selbst in ihrem Arbeitslohn zu unterbieten, bereit zu sein, mehr und unter gefährlicheren Umständen zu arbeiten als der andere. War jemand nicht mehr gewillt, die Arbeitsbedingungen zu akzeptieren, so standen zig andere bereits hinter ihm, die aus reiner Not heraus nur darauf warteten, seine Stelle einzunehmen. Häufig war es

[1] Vgl. Karl Marx, *Zur Kritik der Politischen Ökonomie,* Hrsg. K. Kautsky, 3. Aufl., Dietz, Stuttgart, 1909.

so, daß die Arbeiter (Männer, Frauen und Kinder) nach 16- bis 18stündigem Arbeitstag zu erschöpft waren, um den Arbeitsplatz zu verlassen und nach Hause zu gehen. Sie legten sich irgendwo nieder und schliefen bis zum Beginn der nächsten Schicht.

Nach einem 16stündigen Arbeitstag schliefen die Kinder für den Rest der Nacht in Räumen der Fabrik. (Aus: Jürgen Kuczynski: Das Entstehen der Arbeiterklasse. München 1967, S. 97.)

In Anbetracht dieser Umstände stellt sich mir die Frage, wie diese Menschen es mit einer Antwort auf die Frage nach dem Sinn des Lebens halten konnten!

Marx prangerte vor allem die Tatsache an, daß der Arbeiter sich immer mehr selbst verkaufen mußte, in der Arbeit nichts anderes sehen *konnte* als den Versuch der reinen Existenzfristung (so kärglich diese auch gewesen ist) und daß er sich von jeglichem Sinn seiner Arbeit immer mehr entfremdete und sie nur noch als »Zwangsarbeit« sah (sehen *mußte!*). Von einer menschengemäßen und menschenwürdigen Tätigkeit konnte hier in keinem Fall gesprochen werden, geschweige denn von einer Selbstverwirklichung irgendwelcher Art! Hinzu kam noch ein weiterer tragischer Aspekt, der den Teufelskreis schloß: Je mehr der Arbeiter arbeitete, um so reicher und mächtiger machte er den Arbeitgeber, der damit immer mehr Möglichkeiten erhielt, dem Arbeiter immer unwürdigere Bedingungen aufzuzwingen und ihn immer mehr zur Sache zu machen. Der Arbeiter wurde für den Mächtigen immer mehr ein reines Produktions*mittel,* auf einer Stufe mit den Maschinen, über die der Reiche in seinem Betrieb verfügte.

Man muß diese historischen Tatsachen kennen, um ermessen zu können, wie Marx zu seiner Theorie gekommen ist und wie er sie gemeint hat. Dabei theoretisierte er nicht, sondern wußte sehr wohl, wovon er sprach und schrieb. Denn Marx befand sich um 1850 im Exil in England, wo er reichlich Gelegenheit hatte, seine Erfahrungen – glaubwürdige Erfahrungen – zu sammeln. Insbesondere die Frauen- und Kinderarbeit in Bergwerken galt hier als selbstverständlich und war gang und gäbe. So wurden beispielsweise unter Tage Frauen eingesetzt, um in den extrem niedrigen Stollen, die meist nicht höher waren als ca. 90 cm, auf allen vieren kriechend und

mit einem Zuggeschirr versehen, Wägelchen hinter sich herzuziehen, in denen sich Kohle oder Erze befanden. Kleine Kinder wurden schon im Alter von drei bis fünf Jahren ebenfalls unter Tage eingesetzt, um in Acht- bis Zwölf-Stunden-Schichten Türen zu bewachen, die von Nebenstollen in den Hauptstollen führten. Dabei befanden sie sich in fast völliger Dunkelheit, wenn überhaupt, so hatten sie nur den Schein einer dürftig brennenden Kerze. Ich glaube nicht, daß man ermessen kann, was das für die Psyche der Kinder, aber auch ihrer Eltern, die ja genau wußten, welchen Bedingungen die Kinder ausgesetzt waren, bedeutete.

Ein weiteres Beispiel sind die furchtbaren Berichte über die sogenannten Kaminkehrerjungen, eine Gruppe von Kindern, deren Schicksal gewiß nicht leichter war. Sie wurden aufgrund ihrer zierlichen Statur dazu ausgebildet, in den Wohnhäusern der Großstädte im Keller in die Kamine einzusteigen, in ihnen hochzuklettern und dabei die Reinigungsbesen hinter sich herzuziehen. Auch hier, so denke ich, kann man sich kaum vorstellen, was das für diese jungen Menschen bedeutete. Viele, die in Kaminen

Kinder werden zur Arbeit in den Schacht eines Kohlebergwerks hinuntergelassen. (Abbildungen: Mary Evans Picture Library, London)

steckenblieben, weil sie nicht mehr weiterkonnten oder -wollten, wurden dadurch angetrieben, daß man unten im Kamin ein Feuer entfachte, das sie entweder doch nach oben trieb oder elendiglich ersticken ließ.

Soviel zu diesem finsteren Kapitel der Geschichte der Arbeit, in dem wahrhaftig nichts von Selbstverwirklichung oder höheren Zielen zu finden ist. Heute sind wir unvergleichlich weiter und können uns die geschilderte

Realität kaum vorstellen. Aber dafür stehen wir heute vor anderen Problemen, die sich im Bereich der Arbeit stellen. Psychologische, soziologische und andere humanwissenschaftliche Forschungen haben im Laufe der Zeit deutlich erkennen lassen, wie wichtig ein gewisses Maß an Kreativität für den Menschen ist und daß dies in der Arbeitswelt nur in verhältnismäßig geringem Maße und eher in Ausnahmefällen gegeben ist. Der Mensch braucht aber gerade diese Möglichkeiten. In der Arbeitswelt kann er sie immer seltener finden, und so haben sich ganze Industriezweige diesen Umstand und das Wissen um die menschlichen Bedürfnisse zunutze gemacht: die Hobby- und Freizeitindustrie mit ihren vielfältigen Angeboten und »Do it yourself«-Programmen. Dies zeigt nun zweierlei, nämlich zum einen den Mangel an Sinngebung in der Arbeit und zum anderen ein Problem, das daraus resultiert, daß die Arbeitszeit heutzutage immer mehr abnimmt und die Freizeit immer größeren Raum einnimmt. Bleiben wir zunächst bei ersterem.

Im Prinzip stellt sich die Situation hinsichtlich der Frage nach dem Sinn, den der Arbeiter in seiner Tätigkeit sucht, heute nicht wesentlich anders dar als zu Zeiten des Beginns der Industrialisierung. Damit meine ich nicht die äußeren Umstände, sondern die Tatsache der Entfremdung vom fertigen Produkt. Wie soll jemand stolz auf das sein können, was *er* leistet, wenn das Endprodukt nicht als *seines* empfunden werden kann. Eine Arbeiterin in einem riesigen Werk zur Herstellung von Computerteilen wird genau diese wichtige Beziehung nie herstellen können, wenn sie an bestimmten Stellen der Chips nur immer eine ganz bestimmte winzige Stelle verlöten muß! Darüber hinaus ist es ihr auch völlig unmöglich, das Arbeitstempo und damit den Rhythmus selbst zu bestimmen. Das Fließband (um einmal bei der veralteten, aber im Kern noch immer zutreffenden Bezeichnung zu bleiben) bestimmt das Tempo, setzt den Menschen unter Druck. Wichtige, ja ich möchte sagen, in psychischer Hinsicht lebenswichtige Kommunikation wird vielerorts völlig unmöglich gemacht, oft sogar untersagt! Vereinsamung inmitten von Hunderten anderer, ebenfalls in sich vereinsamender Menschen und Abstumpfung gegenüber dem eigenen Tun sind die Folge.

Da scheint es doch geradezu selbstverständlich, daß der einzelne Mensch auf anderen Gebieten die Kreativität ins Spiel bringen und ausleben muß, die in ihm steckt. Dieser Bereich liegt aber *außerhalb* der Arbeitswelt, womit die scharfe Trennung vollzogen ist, die ursprünglich und vom Wesen her gar nicht im Begriff der Arbeit enthalten ist. Man hat – wie schon erwähnt – den Erkenntnissen von Psychologie, Soziologie und Anthropologie Rechnung getragen und hier durch entsprechende Angebote und die Einrichtung ganz neuer Industriezweige »Abhilfe« geschaffen. In gewisser Weise scheint mir dies der Beweis für die Kapitulation vor zeitbedingten Erscheinungen zu sein. Der Begriff der Arbeit ist nunmehr auch formell im großen und ganzen seines eigentlichen Sinnes beraubt.

Eine selbsttapezierte Wohnung, ein eigenhändig ausgebautes Dachzimmer, ein fertiggestelltes Schiffsmodell oder ein selbstgemaltes Bild sind Dokumente eigenen Tuns und eigener Fähigkeit, die der Mensch vorweisen und auf die er als seine Produkte stolz sein kann. Der ständige Zuwachs in den genannten Industriebereichen beweist im Grunde nur, wie offensichtlich eine Verarmung des Menschen vorliegt und die Arbeit zu einem erschreckend hohen Prozentsatz nur als zur Sicherung des Lebensunterhaltes erforderlich betrachtet und damit auf die »Arbeit« der Tiere hinabgestuft wird! Ein tragisches

Ergebnis, das dem Menschen schadet und ihm einen erheblichen Teil seiner ursprünglichen und ihm wesenhaft zukommenden Würde nimmt!

Dadurch, daß die Arbeitszeit immer mehr reduziert wird und die Freizeit demzufolge stetig zunimmt, ist die Frage, welche Aktivitäten dem Menschen hier Freude und Befriedigung verschaffen sollen, von besonderer Bedeutung. Wir stellen insgesamt einen Trend fest, der meines Erachtens ausgesprochen gefährlich ist, vor allem im Hinblick auf die ohnehin zu kurz kommende Kreativität und den Sinngehalt. Die Gefahr sehe ich darin, daß viele Menschen das ursprüngliche Bedürfnis nach sinnvoller Tätigkeit immer weniger verspüren, immer weniger sensibel dafür sind und statt dessen in wachsendem Maße zu Mitgliedern einer passiven Konsumgesellschaft werden. Freizeitverplanung ist hier das Stichwort.

Ich denke, daß ein direkter und ursprünglicher Zusammenhang zwischen der so sehr veränderten Arbeitswelt, dem veränderten Verständnis von Arbeit sowie den Freizeitmöglichkeiten besteht, welche ebenfalls einschneidenden Veränderungen unterzogen worden sind. Beides ist für den Menschen nicht ohne tiefgreifende Konsequenzen geblieben, die reflektiert werden müssen!

Nun haben wir gesagt, der Mensch ist, außer daß er ein arbeitendes Wesen ist, auch dadurch ausgezeichnet, daß er ein Gemeinschaftswesen ist. Damit ist hier gemeint, daß er in einer Gesellschaft lebt, daß er Geschichte *hat* und Geschichte *ist*. Beide Begriffe, »Haben« und »Sein«, lernten wir ja schon bei der anthropologischen Theorie Schelers kennen. Was aber bedeutet es, ein Gesellschafts- oder Gemeinschaftswesen zu sein, und wie ist es dazu gekommen? Wie hat sich dieser Wesenszug entwickelt?

Um eine Antwort zu finden, muß man zumindest in Ansätzen auf einige große Philosophen zurückgreifen, die sich mit dieser Frage befaßt und entsprechende Theorien gebildet haben. Ich denke hier vor allem an den uns aus der Erkenntnistheorie schon bekannten JOHN LOCKE und seinen Landsmann THOMAS HOBBES (1588–1679). Insbesondere die Theorie Hobbes' ist sehr bekannt geworden, obwohl sein »Menschenbild« durchaus als skeptisch, vielleicht sogar als negativ bezeichnet werden kann. Er glaubt nicht an das Gute im Menschen, sondern beschreibt den Ur- oder Naturzustand als die Zeit, in der der Kampf jeder gegen jeden herrschte.[1] Das heißt im Grunde nichts anderes, als daß das Recht des Stärkeren galt. Von Rücksicht (im Großen und aufgrund der Einsicht, daß die anderen ja auch alle derselben Gattung angehören) war weit und breit nichts zu spüren, Humanität und Moral waren weitgehend unbekannt und wenn überhaupt, galten sie nur für die eigene kleine Gruppe, für die gesorgt wurde und deren Interessen mit den eigenen gleichgesetzt wurden.

Aus diesem Zustand, der ganz den Erkenntnissen Darwins entspricht, die dieser aus der Tierwelt gewonnen und auf die Formel »Überleben des Stärksten, Tüchtigsten«[2] gebracht hatte, erwuchs nun etwas historisch, soziologisch und anthropologisch sehr Bedeutsames, nämlich der Zusammenschluß der *Schwachen,* die eine Gemeinschaft bildeten, um sich gegen die Starken zu schützen. Nur in dieser Gemeinschaft konnten sie einigermaßen sicher vor Übergriffen sein. Sie bildeten diese aber nicht unter Ausschluß der Starken und gegen sie, son-

---

[1] Vgl. THOMAS HOBBES, *Leviathan,* Ullstein, Frankfurt/Main, 1976.

[2] Vgl. CHARLES DARWIN, *Die Entstehung der Arten,* RUB, Stuttgart, 1980.

dern die Starken wurden in das Gebilde dieses gesellschaftlichen Zusammenschlusses einbezogen und auf diese Weise zu einem Verhalten veranlaßt, das für die anderen keine Gefahr mehr bedeutete. Dafür gewannen sie die Ruhe und Sicherheit, die ihnen durch die Übereinkunft in Form von Gesetzen gewährleistet wurde. Sie brauchten ihrerseits nun nicht mehr ständig auf der Hut zu sein, um das Gewonnene zu verteidigen. Insbesondere JOHN LOCKE spricht hier von einem Vertrag, den die Menschen untereinander zu schließen sich veranlaßt sahen.[1]

Aber noch ein weiterer Gedanke soll einen menschlichen Wesenszug offenlegen, der im Zusammenhang mit dem Darwinismus steht. Wir sagten bereits, daß in der Gesellschaft diejenigen Sicherheit und Schutz finden, die alleine und auf sich selbst gestellt dem Lebenskampf nicht gewachsen wären. Damit, so sagen viele, ist das Gebilde der menschlichen Gesellschaft von vornherein so ausgelegt, daß der Schwache im Mittelpunkt steht. Dies findet seinen höchsten Ausdruck darin, daß gerade er den besonderen Schutz der Gesellschaft genießt. Wir verstehen dies in der Regel als ethisches, soziales und humanes Merkmal einer Gesellschaft.

Aber wie so oft, scheiden sich auch an diesem Punkt die Theorien, und die Sozialdarwinisten halten dagegen, daß dies schlecht sei, da es nirgendwo in den natürlichen Gemeinschaften der Tiere Vergleichbares gebe, daß die Schwachen sozusagen »mitgezogen« würden. Sie sind der Ansicht, daß dies gegen das natürliche Prinzip der Auslese verstoße und ein Gefahrenmoment für die jeweilige Gesellschaft darstelle, die irgendwann an diesem

[1] Vgl. JOHN LOCKE, *Zwei Abhandlungen über die Regierung,* Europäische Verlagsanstalt, Frankfurt/Main, 1967.

Verhalten zugrunde gehen müsse, weil es der Natur entgegengesetzt sei. Mir scheint bei dieser Argumentation jedoch eines nicht genügend oder gar nicht bedacht zu sein, daß nämlich die Tiere in ihrem Verhalten durch ihre Instinkte festgelegt sind, daß sie keine Vernunft haben, keine Werte und Güter erkennen, bedenken und abwägen können und sich insofern auch keine Ziele setzen können, die sie dann gewollt und in die Zukunft planend verwirklichen. Auch die emotionale Fähigkeit des Menschen, Mitleid zu empfinden und entsprechend den Einsichten in Moral und Humanität so zu handeln, daß gerade die Schwachen nicht untergehen müssen, macht einen Teil des Menschen und der von ihm geschaffenen Gesellschaften aus.

Wir sprachen schon davon, daß der Mensch seine Umwelt nach seinen Bedürfnissen gestaltet, um sie für sich lebensfreundlich zu machen. Die Institution der Gesellschaft gehört offensichtlich mit dazu und ist als ein künstliches Gebilde typisch menschlich. Gerade in diesem Gebilde spiegelt sich der geistige und emotionale Stand einer Kulturgemeinschaft, denn in einer jeden Gesellschaft tritt das Problem der *Macht* auf, das im Grunde seit dem Naturzustand noch nicht überwunden worden ist, auch wenn viele sich diesem Trugschluß hingeben! Eine höchst interessante Frage, die hier zwar nicht geklärt werden kann, aber immerhin erwähnt werden soll, ist die, wie die unterschiedlichen Kulturkreise und Gesellschaften sich bemühen, mit diesem Problem fertig zu werden, welche Anstrengungen sie unternehmen, um den Problemfaktor Macht »in den Griff zu bekommen«.

Wenn wir vom Menschen und der menschlichen Gesellschaft sprechen, dann dürfen die beiden Begriffe *Freiheit* und *Gleichheit,* die in vielen, vielleicht allen Gesellschaften eine Rolle spielen, nicht fehlen. Sie gelten allgemein als hohe Werte und sind in gewissem Sinne sogar als Neutralisatoren von Macht anzusehen. Vielleicht erhebt gerade diese Tatsache sie zu Werten. Denn Werte, das haben wir bereits in den Ausführungen über *Ethik* erfahren, haben immer verpflichtenden Charakter. *Freiheit* als Wert zu betrachten, zu schätzen und zu bewahren, der dem einzelnen Menschen zukommt, bedeutet gleichzeitig, daß derselbe Wert zwangsläufig und logischerweise auch den anderen zugestanden werden muß. Das aber heißt letztlich nichts anderes, als daß ich aus freier Einsicht heraus meine eigene Freiheit da begrenze, wo die Freiheit der anderen beginnt – in der Hoffnung und Erwartung, daß auch sie Gleiches tun und auf diese Weise ein Machtmißbrauch vermieden wird und das System funktioniert.

Nicht wesentlich anders verhält es sich mit der *Gleichheit,* die ich als eine Vorstufe zur Freiheit betrachten möchte, denn aufgrund der garantierten Gleichheit kann natürlich psychisch gesehen sehr viel leichter Freiheit gewährt werden. Wir vergeben uns dann nichts, wenn wir die anderen als gleich betrachten.

Schauen wir uns zwei diesbezügliche Problemgesellschaften der Gegenwart an, nämlich die USA und Südafrika, dann stellen wir fest, daß in beiden Ländern offenbar weite Kreise der Gesellschaft nicht bereit oder in der Lage sind, dieses Prinzip der Gleichheit anzuerkennen (wenn man auch in den USA schon sehr viel weiter in Richtung Bürgerrechte vorangeschritten ist als in Südafrika), geschweige denn das Prinzip der Freiheit zu realisieren.

Die schwarze Bevölkerung als gleich anzuerkennen bedeutet nämlich de facto den Verzicht auf einen gewissen Teil seiner eigenen Macht, nämlich der Macht, über sie auf eine bestimmte Art zu herrschen – und ich denke, daß kaum etwas dem Menschen schwerer fällt als der Verzicht auf Macht! Sie ermöglicht es, immer noch jemanden zu finden, den man unterhalb seiner eigenen Person und seines eigenen »Wertes« zu stellen vermag. Ein furchtbares Denken, das in dieser Form leider auch typisch menschlich ist und sonst bei keinen anderen Lebewesen zu finden ist. Die zum Teil strengen Hierarchien bei gewissen Tierarten dürfen nicht mit dem Machtkonflikt beim Menschen verwechselt werden, denn bei den Tieren steht ohne jeden Zweifel immer die Arterhaltung im Hintergrund und kein persönliches Machtstreben, das die Unterdrückung des anderen ermöglicht.

Man könnte zu der hier erörterten Thematik, die direkt in den Bereich der Staatstheorie und Staatsphilosophie führt, noch sehr vieles sagen. Aber die bisherigen Ausführungen sollen genügen, weil es in unserem Zusammenhang schließlich um den anthropologischen Aspekt geht. Zu ihm gehört, daß der Mensch nach Ansicht vieler Denker ein recht gefährliches Wesen ist, das skeptisch beurteilt wird. Wir finden diese Denkweise auch heute fast täglich bestätigt. Es könnte in der Tat Friede auf der Erde herrschen und zu unter den gegebenen Umständen utopisch erscheinenden dauerhaften Übereinkünften kommen (etwa im militärischen Bereich), wenn nicht das Mißtrauen bestünde, das zwischen den Menschen herrscht. Leider müssen wir immer wieder feststellen, daß es gar nicht so unbegründet ist. So vertreten viele die Auffassung: »Um wirklich dauerhaften Frieden zu schaffen, müßte man den Menschen ändern, ihn total ›umkrempeln‹!« An dieser Aussage ist sicherlich viel Wahres! Auf keinen Fall sollten die Menschen in Passivität und Resignation verfallen.

Liebe Leser, lassen Sie mich im Zusammenhang mit der menschlichen Gesellschaft noch auf einen weiteren Aspekt zu sprechen kommen, der mit der Frage der Individualität eng zusammenhängt.

Wir alle kennen die Tatsache, daß wir in unserem Denken und Handeln mehr oder weniger stark von der Sichtweise und den Reaktionen unserer Artgenossen beeinflußt werden, ja daß wir oft deren Meinung über unsere eigene stellen, um mit diesen anderen konform zu gehen, nicht aufzufallen und nicht anzuecken. Wir sind bestrebt, aus ihrer Gemeinschaft nicht ausgeschlossen zu werden, sondern dazuzugehören. Das ist aber offenbar nur möglich, wenn wir bereit sind, den Preis zu zahlen: die teilweise Aufgabe unseres Selbst, um uns dann in vielen Dingen den anderen anschließen (vielleicht sollten wir sogar sagen: »anbiedern«) zu können.

Dieses Bestreben sowie der Zusammenschluß der Mehrheit in einer Gesellschaft werden durch das winzige Wörtchen MAN ausgedrückt, das wir alle zur Genüge kennen. Sich dem MAN entgegenzustellen, sich ihm auch nur entziehen zu wollen, bedeutet unweigerlich den Konflikt mit denjenigen, die sich unter seiner Fahne zusammenfinden.

Wer ist denn nun dieses MAN? MAN tut dieses oder jenes (oder unterläßt es), MAN beurteilt Sachverhalte auf diese oder jene Weise, MAN spricht auf eine ganz bestimmte Art über gewisse Themen, MAN findet dieses oder jenes gut usw. Schon unsere Kinder stellen wir – meist gar nicht gewollt – von klein auf unter die Herrschaft dieses anonymen MAN. Wen soll die kleine Tochter sich vorstellen, wenn wir ihr sagen, daß MAN bei Tisch den Kopf nicht mit der Hand abstützt? Oder daß MAN sich vor dem Essen die Hände wäscht?

Zugegeben, es ist sehr einfach und spart eine Menge

Argumentation und Erklärungen, wenn wir einem Kind auf die Frage, warum es etwas Unerwünschtes unterlassen soll, kurz und bündig antworten, daß MAN das eben nicht tut, und damit basta! Einfach – aber wohl nicht sinnvoll. Und das ist nicht nur bei Kindern so.

Das anonyme MAN der Gesellschaft, das alle und keinen umfaßt, dient so unglaublich häufig zur Legitimation irgendwelcher Handlungsweisen. Der deutsche Philosoph MARTIN HEIDEGGER sagt: »... das MAN entlastet.«[1] Wir meinen, uns hinter dem MAN verstecken und einen erheblichen Teil der Verantwortung an diese anonyme Institution abtreten zu können. Aber wir geben uns damit einer Täuschung hin. Denn so stark die Tendenz auch sein mag, dieses MAN zu festigen und hochzuhalten, so klar tritt jedem, der sich damit befaßt, die Unausweichlichkeit der eigenen, individuellen Verantwortung und Seinsweise entgegen. Ich bin ICH und nicht MAN!

Und ich muß dadurch, daß ich mir die Problematik bewußtmache und sie reflektiere, verhindern, daß mich dieser alles Individuelle verschlingende Moloch erfaßt und vernichtet. In der Eigentlichkeit des eigenen Seins muß der *einzelne* sich gegen das MAN stemmen!

Hier wird wiederum der unmittelbare Zusammenhang der philosophischen Bereiche und Disziplinen deutlich. Die Ethik spielt in diesen vorrangig anthropologischen Überlegungen eine ebenso große Rolle wie auch die Sinnfrage und die Erkenntnis des eigenen Ich.

Schon Kant hat diesen Zusammenhang klar erkannt, indem er sagte, daß letztlich alle anderen philosophischen Disziplinen in der Frage nach dem Menschen zusammentreffen und demzufolge die philosophische An-

[1] MARTIN HEIDEGGER, *Sein und Zeit,* Tübingen, 1967, S. 127 f.

thropologie die zentrale Disziplin darstelle. Ich denke, daß dies auch im Verlaufe der vorliegenden Erörterungen deutlich geworden ist.

Die in diesem Kapitel erfolgten Ausführungen können und wollen – wie auch die vorigen – keinen Anspruch auf Vollständigkeit erheben, sondern dienen dem Zweck, Ihnen, liebe Leser, die Fülle der Problematik philosophischer Sichtweisen vom Menschen näherzubringen und Ihr Interesse zu wecken.

Im Anschluß an dieses Kapitel über die philosophische Betrachtungsweise des Menschen scheint es mir sinnvoll, sich im folgenden intensiver mit der Philosophie als Lebenshilfe zu beschäftigen und zu erörtern, was sie in diesem Sinne zu leisten vermag. Damit wird auch noch einmal der unmittelbare und direkte Zusammenhang der Philosophie mit der menschlichen Lebenspraxis verdeutlicht.

10. Philosophie als Lebenshilfe – Die Philosophische Praxis

»Die Leute lassen sich immer etwas Neues einfallen«, hörte ich schon verschiedentlich Passanten sagen, wenn sie an dem Schild vorbeikamen mit der Aufschrift *»Philosophische Praxis«*. Andere wiederum wollten gerne wissen, was das denn sei.

Reaktionen auf etwas, das durchaus nicht neu ist; hier irren die meisten Menschen. Vielmehr hat die *Philosophische Praxis* ihre Anfänge im Griechenland Sokrates', Platons und Aristoteles', als auf den Märkten und in den Straßen, in den Schulen und Akademien über philosophische Fragen und Themen diskutiert wurde. Kommunikation wurde damals großgeschrieben, und dementsprechend rege waren auch die Gespräche. Die Dialoge Platons zeugen davon. Hier hatten die Menschen Gelegenheit, ihre individuelle Bildung zu erweitern und persönliche Probleme zu erörtern. Nach einigen Jahrhunderten verschwanden im Jahre 530 n. Chr. nach der Schließung der philosophischen Akademie durch den oströmischen Kaiser Justinian diese so wichtigen Möglichkeiten des Austausches von Gedanken und geistiger Forschung.

Erst in unserem Jahrhundert, genauer gesagt Mitte der achtziger Jahre, wurde diese antike Einrichtung wieder aufgegriffen. Der Zeitpunkt ist vielleicht nicht zufällig und denkbar günstig, denn in der Gegenwart besteht ein deutlicher Bedarf an wirklicher, tiefgründiger Kommunikation. Vielleicht ist dies unter anderem gerade deshalb der Fall, weil die Gesellschaft als Institution so kommunikationsfeindlich geworden ist. Wer hat denn heute noch Gelegenheit, Zeit, Muße und Interesse, sich mit dem Mitmenschen wirklich zu unterhalten, ihm *aktiv* zuzuhören, ohne den sogenannten »small-talk«, ohne Plattitüden und ohne Partygeschwätz? Einfach aus dem Interesse am anderen Menschen heraus, an seinen Gedanken und Problemen? Oft besteht noch nicht einmal zwischen Ehepartnern oder in Familien in ausreichendem Maße diese Bereitschaft. Und bauplanerische, städteplanerische sowie arbeitsplatzbezogene Faktoren verstärken noch die Tendenz zur Isolation und Vereinsamung. Erst in allerjüngster Vergangenheit scheint hier eine positive Einsicht zur Veränderung um sich zu greifen.

Wie oft haben wir schon festgestellt, daß uns jemand fragte: »Wie geht's?« – Aber noch ehe wir Atem holen konnten, um ihm mitzuteilen, daß wir uns heute ziemlich schlecht fühlen und froh sind, daß uns jemand nach unserem Befinden fragt, ist der andere schon dabei, sich zu verabschieden. Er hat's ja so eilig, und »man sieht sich«.

Ja, und dann stehen wir irgendwie begossen und enttäuscht da.

So geht es vielen, aber das Bewußtsein, daß wir damit nicht alleine stehen, hilft uns bei der Bewältigung unserer Probleme auch nicht weiter. Vor allem dann nicht, wenn zu den üblichen Alltagsproblemen noch weitere hinzukommen, die es dem einzelnen zusätzlich schwer, oft sogar aussichtslos erscheinen lassen, mit seinem Leben zurechtzukommen.

Für diese Menschen besteht nun seit einigen Jahren die Möglichkeit der Hilfe von fachkundiger Seite, indem sie sich an einen Philosophen wenden und mit ihm ihre Probleme erörtern können. Daß es ein Philosoph und kein Psychologe oder Psychotherapeut sein soll, liegt daran, daß es natürlich sehr unterschiedliche Fragen und Probleme gibt, die durchaus nicht alle primär in den Bereich der Psychologie gehören. Andere Probleme verlangen auch andere Methoden und machen andere Vorgehensweisen sinnvoll.

Wer also geht in eine *Philosophische Praxis,* was geschieht dort, und inwiefern kann den Suchenden dort geholfen werden?

Grundsätzlich kann festgestellt werden, daß es sich nach meinen Erfahrungen bei den Besuchern einer *Philosophischen Praxis* um zwei unterschiedliche Gruppen handelt. Wir sprachen bereits von den Lebensproblemen, aber die erste Gruppe sucht den Weg in die Praxis nicht aus diesen Gründen. Vielmehr handelt es sich hier um Personen, die die Philosophie als interessante Wissenschaft kennenlernen wollen. Oft sind sie irgendwann in ihrem Leben schon einmal mit der Philosophie in Berührung gekommen, etwa früher in der Schule, durch Bekannte und Freunde, durch ein interessantes Buch, eine Diskussion oder ähnliches, und sehen nun die Möglichkeit, den Kontakt zur Philosophie entweder herzustellen oder ihn unter fachkundiger Anleitung zu intensivieren und zu pflegen.

Bei diesen Besuchern steht der Wunsch nach Diskussion, geistiger Auseinandersetzung und dem Gedanken austausch ganz oben an. Aus diesem Grund finden sich diese Interessenten in Gesprächs- und Diskussionsrunden von etwa 15 Teilnehmern zusammen, um hier sowohl textfrei als auch textbezogen zu diskutieren. Dabei gilt die Aufmerksamkeit natürlich vorrangig dem Erwerb fachlicher und sachlicher Kenntnisse und Fertigkeiten, aber auch das Üben von Diskussionsfähigkeit, Rhetorik, das Formulieren von Gedanken sowie Argumentationstechniken und -strategien werden in diesen Gruppen praktiziert. Dabei kommt der Schulung des aktiven Zuhörens besonders große Bedeutung zu, weil für alle an einer Diskussion beteiligten Partner diese Art des Zuhörens außerordentlich wichtig ist.

Gerade dieses aktive Zuhören spielt in der *Philosophischen Praxis* nicht nur in diesen Gruppen eine außerordentlich wichtige Rolle, sondern auch in den individuellen Gesprächen mit den Besuchern, denen es um die Bewältigung ihrer Probleme geht. Denn diese Art des Zuhörens kommt in unserer hektischen Gegenwart viel zu kurz und wird häufig durch eine Art von Kommunikation verdrängt, die mehr im Telegrammstil erfolgt und nicht intensiv auf den anderen Menschen ausgerichtet ist. Das aber ist gerade so wichtig, damit der andere das berechtigte und begründete Empfinden hat, ernst und »für voll« genommen zu werden. Dies ist die Grundvoraussetzung, ihm zu zeigen und ihn wissen zu lassen: »Du bist mir wichtig!« Daß dieses Verhalten positiven Einfluß auf sein Selbstwertgefühl hat, dürfte klar sein. So ist dieses aktive Zuhören eines der vielen Ziele, die in der *Philosophischen Praxis* erreicht werden sollen. Die Besucher sollen das hier Gelernte verinnerlichen und in ihr Leben mitnehmen.

Des weiteren gilt es, auf der Grundlage und mit Hilfe der Philosophie und philosophischen Gedankengutes zu dem Bemühen beizutragen, das man unter den Bezeichnungen »Selbstidentität« und »Selbstverwirklichung (in sozialer Verantwortung)« versteht. Daß beides durch die Philosophie erreicht werden kann, ist auch von bildungspolitischen Institutionen erkannt worden, die das Fach Philosophie schon vor längerer Zeit in den Fächerkanon der Gymnasien unter genau dieser Zielsetzung aufgenommen haben.

So wird deutlich, daß in der *Philosophischen Praxis* auch Ziele im Hinblick auf die Bildung der Teilnehmer angestrebt werden, und es ist eine starke Motivation für den Leiter einer solchen Praxis, wenn Teilnehmer bestätigen, daß ihre Persönlichkeit im Laufe der Gesprächsrunden sich dahingehend verändert beziehungsweise erweitert hat, daß sie nun in der Lage sind, philosophische Gedanken zu verstehen, deren besonderen Wert zu erkennen und zu schätzen, Sachverhalte kritisch zu hinterfragen, an Diskussionen gewinnbringend teilnehmen zu können, eigene Gedanken zu finden und diese zum Ausdruck zu bringen. Ich denke, daß dies sehr wichtige Ziele sind und daß sie einen wesentlichen Teil dessen ausmachen, was man unter dem Begriff »Lebensqualität« versteht.

Das hier Gewonnene kann einem keiner nehmen, es stärkt und fördert die Persönlichkeit und trägt damit zu einer Entwicklung bei, die völlig unabhängig vom Alter ist und zu der der Mensch in jeder Phase seines Lebens in der Lage ist.

Es soll nochmals betont werden, daß der Zugang zu solchen Gesprächsrunden auch und gerade Personen möglich ist, die keinerlei Vorkenntnisse haben und mit der Philosophie bis dahin noch nicht in direkte Berührung gekommen sind. Menschen der unterschiedlichsten sozialen Herkunft, aus allen Altersgruppen, mit unterschiedlichster Vorbildung und aus allen möglichen Berufen bilden diese Gruppen, und es ist erstaunlich, wie fruchtbar gerade diese Zusammensetzung der Gesprächsrunden in der Praxis ist!

Es dürfte in diesem Buch deutlich geworden sein, daß man nicht die Philosophie erlernen kann, wohl aber das

Philosophieren! Das ist ein gewaltiger Unterschied, denn es bedeutet, daß es sich nicht um eine statische, tote Sache handelt, mit der sich die Besucher beschäftigen, sondern das Philosophieren als zu erlernende Tätigkeit drückt die ganze Dynamik und Lebendigkeit aus, die diese Wissenschaft kennzeichnet.

Soviel zu dieser Gruppe von Besuchern, die eine *Philosophische Praxis* aufsuchen.

Wie bereits angedeutet, besteht die zweite Gruppe von Besuchern aus Personen, die sich Hilfe bei der Bewältigung ihrer individuellen Probleme erhoffen. Da diese Probleme in den Bereich der Philosophie fallen, weil sie durch das Leben verursacht werden, halte ich es für eine sinnvolle Forderung, daß der Betreiber einer *Philosophischen Praxis* selbst über eine möglichst reichhaltige Lebenserfahrung verfügt, womit zwangsläufig ein gewisses Alter verbunden ist, um nicht nur theoretisieren zu müssen, sondern seinerseits unmittelbar aus der Praxis sprechen zu können. Sehr gute Fachkenntnisse in der Philosophie und ihren Methoden verstehen sich ebenso von selbst wie ein ausgesprochen hohes Maß an Einfühlungsvermögen, Sensibilität und Fingerspitzengefühl. Denn die Kenntnis bester Methoden und Strategien der Gesprächsführung nützt nichts, wenn die genannten Fähigkeiten nicht allesamt vorhanden sind und wirken können.

Die Menschen finden den Weg in die *Philosophische Praxis* meist deshalb, weil sie mit ihren Problemen nicht zurechtkommen und diese immer drückender auf ihre Persönlichkeit wirken. So kommt beispielsweise jemand im Alter von 45 Jahren, dessen Kinder inzwischen erwachsen sind und auf eigenen Füßen stehen. Er selbst und seine Frau sind wirtschaftlich und finanziell gesichert, und er denkt immer häufiger über die Frage nach, ob das nun wirklich alles ist, was er im Leben und vom Leben zu erwarten hat. Und je intensiver er darüber nachdenkt, um so fragwürdiger wird ihm alles auf der einen Seite, um so notwendiger aber erscheint ihm auf der anderen Seite eine Sinngebung für sein Leben. Nur: Er findet die Antwort auf die Frage nach diesem Sinn nicht selbst. Er kommt sich vor wie jemand, der sich ständig und immer schneller im Kreise dreht und keinen festen Halt hat. Es ist daher in diesem wie auch in allen anderen Fällen von elementarer Wichtigkeit, daß die Besucher über ihre Probleme überhaupt erst einmal sprechen können und sie damit als Probleme bewußt und dingfest machen können. Schon hier wird oft der erste Schritt in Richtung einer späteren Hilfe getan, denn was einmal ausgesprochen worden ist, ist damit aus der Sphäre des Emotionalen, Gedanklichen und Verborgenen herausgehoben und in den Bereich des Wirklichen und Faßbaren gestellt.

Neben Erörterungen darüber, inwiefern das jeweilige Problem für den Betroffenen als Problem spürbar ist und welche Konsequenzen mit seinem Vorhandensein verbunden sind, werden in den Sitzungen gemeinsam Überlegungen angestellt, wie das Problem angegangen, günstigenfalls gelöst werden kann oder wie man zumindest lernen kann, damit umzugehen. Und dabei ist immer zu bedenken, daß die Probleme und die Methoden zu ihrer Bewältigung nicht dieselben sind wie die in einer psycho logischen oder psychotherapeutischen Praxis.

Während es dort um Krankheiten, ihre Analyse und Therapie geht, die häufig die Rückverfolgung bis in früheste Kindheitsphasen notwendig machen, weil diese Probleme zumeist in der psychischen Entwicklung des Menschen ihre Ursachen haben, geht es in der *Philosophi-*

schen Praxis um solche Schwierigkeiten, die *nicht* von innen kommen, sondern dem Menschen sozusagen von außen »an den Leib geworfen« werden. Es handelt sich um Probleme, die das Leben bringt. Demzufolge geht es methodisch erst einmal um die Feststellung und Beschreibung des jeweiligen Problems und um *dessen* Analyse. Denn was für den einen ein unüberwindbares Hindernis zu sein scheint, kann für den anderen völlig unproblematisch sein.

Und genau hier setzt das spezifisch Philosophische ein: Es gilt, in der philosophischen Erörterung den Wissensstand (»Horizont«) des Besuchers erheblich zu erweitern, wodurch Probleme der genannten Art schon häufig relativiert werden.

Um bei dem obengenannten Beispiel zu bleiben, kann (je nach der geistigen und emotionalen Verfassung und Fähigkeit des Besuchers) ein möglicher Lebenssinn entweder in der Transzendenz des religiösen Glaubens oder rein diesseitig als vom Individuum selbst zu setzend vorgeschlagen werden. Beide Möglichkeiten sollten eingehend erörtert werden. Die Entscheidung muß unbedingt dem Besucher selbst überlassen werden. Der Philosoph kann und sollte ihm lediglich die rationalen Fähigkeiten dazu vermitteln. Nur auf dieser Grundlage kann eine Entscheidung im Sinne einer gewachsenen Selbständigkeit des Besuchers erreicht werden.

Diese Vorgehensweise steht in der Tradition philosophischen Argumentierens und Denkens, und in den Diskussionen, die in den Einzelsitzungen (und nur um solche handelt es sich bei dieser Gruppe von Besuchern) geführt werden, soll erreicht werden, daß der Besucher von sich aus zu einer eigenen Erkenntnis und Entscheidung findet, die er dann auch begründen und absichern kann.

Um ein weiteres Beispiel anzuführen, sei ein Besucher erwähnt, für den der Begriff der Verantwortung ein erhebliches Problem darstellt. Früher weitgehend unempfindlich für dessen Bedeutung, kreisen seine Gedanken jetzt immer häufiger und intensiver um den Gehalt dieses Begriffes und die damit verbundene Verpflichtung. Er fragt sich immer intensiver, was Verantwortung denn überhaupt bedeutet, was er mit ihr zu tun hat, wer sie ihm aufbürdet, wofür er Verantwortung übernehmen soll und was da eigentlich von ihm verlangt wird. Nicht selten führt das Bewußtsein, daß man der Verantwortung nicht ausweichen kann, daß man sich ihr stellen muß, zu regelrechten Angstzuständen!

Damit Sie sich ein Bild machen können, lieber Leser, wie man derartige Probleme philosophisch angehen kann: In dem vorliegenden Fall wäre es etwa möglich, nach den Eingangserörterungen die Problematik der Willensfreiheit zu diskutieren. Dies könnte anhand der Theorien von einem oder mehreren Philosophen geschehen; ich denke hier etwa an Platon, an Nietzsche, Schopenhauer oder Sartre. Die unterschiedlichen Denkweisen und Positionen in dieser Frage kennenzulernen, die zu ganz verschiedenen Grundauffassungen führen, dürfte von großer Bedeutung sein. Es wird sich zeigen, wie der Besucher auf welche Theorien reagiert, wie er darüber denkt und sie bewertet, so daß von hier aus mit sehr viel Fingerspitzengefühl seitens des Philosophen die Konsequenzen bewußtgemacht werden können, die aus diesen unterschiedlichen Denkweisen resultieren. Dabei ist nun schon das Hauptaugenmerk auf die Denkweise und das Empfinden des Besuchers auszurichten. Oft wird von ihm mit Genugtuung und Erstaunen festgestellt, daß sich so berühmte Philosophen mit denselben Fragen auseinandergesetzt haben wie er. Solch eine Erkenntnis vermag durchaus zu beruhigen und für das Weiterarbeiten zu motivieren.

Im Anschluß an die Erörterungen der Willensfreiheit könnte beispielsweise, je nach Verlauf der bisherigen Sitzungen, auf den Bereich der Ethik übergegangen und damit die Thematik entscheidend erweitert werden. Die Frage nach (moralisch) falsch oder richtig stellt gerade in Verbindung mit der Pflicht zur Verantwortung und ihrer Unausweichlichkeit eine sehr wichtige Grundlage dar. Habe ich erst einmal Kriterien kennengelernt und anerkannt, die es mir ermöglichen, zwischen beiden zu entscheiden, dann habe ich auch schon einen wichtigen Maßstab für meine eigenen Handlungen und deren Beurteilung gewonnen, für die ich ja gerade jene Verantwortung übernehmen soll. Je nach den Fähigkeiten des Besuchers können auch weiterführende Erörterungen über Fragen von Gesellschaft und Individuum in die Diskussion aufgenommen werden, in denen es etwa um Reaktionen des Menschen auf mehr oder weniger starken Druck von außen geht. Gruppenzwang, die Sorge, sich auszuschließen und »gegen den Strom zu schwimmen«, können hier thematisiert werden. Erinnern wir uns etwa an die Erörterung der Problematik, die mit dem MAN verbunden ist. Dies alles sind Sachverhalte und Themenbereiche reinster philosophischer Art, die – je nach dem Vermögen des Besuchers – anhand von Texten oder Textauszügen bekannter Philosophen besprochen oder aber textunabhängig rein aus der Erfahrung diskutiert werden können.

Um ein letztes Beispiel zu geben und damit die dritte Hauptgruppe von Problemen zu nennen, die in der *Philosophischen Praxis* relativ häufig thematisiert werden, sei die Frage der Orientierung bzw. das Problem der Orientierungslosigkeit dargelegt.

Dieses Problem stellt eine besondere Gefahr für den Betroffenen dar, weil er einem steuerlosen Schiff in rauher See gleicht und meines Erachtens besonders anfällig für »falsche Lotsen« ist. Mit der Frage nach einer Orientierung geht natürlich die Frage nach einem Sinn einher und das Problem des Hoffens! Wir hatten ja bereits dargelegt, daß das Hoffen immer mit einem Ziel verbunden ist, das man zu erreichen bemüht ist. Ein solches Ziel zu haben bedeutet gleichzeitig immer, daß auch eine Orientierung gegeben ist. Insofern wirken beide Themenbereiche ineinander. Wenn also keine Orientierung gegeben ist, dann muß alles Bemühen darangesetzt werden, eine solche zu erreichen. Das heißt, es muß versucht werden, ein fundiertes Weltbild zu vermitteln; ein Weltbild, das zu überzeugen vermag und die Funktion einer solchen Orientierungshilfe leisten kann.

Ich denke, daß auch hier zunächst einmal der menschliche Geist gefordert ist, ein solches Weltbild unter fachkundiger Anleitung möglichst selbst zu entwerfen oder, falls es in großen Strukturen schon vorgegeben sein sollte, weiterzuentwickeln, so daß es die erforderliche Funktion übernehmen kann.

Auch hier handelt es sich um einen spezifisch philosophischen Sachverhalt, den der Besucher mit seiner Vernunft erfassen und sich erarbeiten kann. Es gilt an dieser Stelle nochmals hervorzuheben, daß gerade diese eigenständige Leistung der Besucher von alles entscheidender Bedeutung ist. Sich kurz einmal einen Ratschlag fürs Leben in einer *Philosophischen Praxis* zu holen, ist nicht nur völlig unmöglich, sondern würde auch den Prinzipien der Philosophie zuwiderlaufen und wäre gänzlich unphilosophisch! Ein angemessener Zeitraum für den Lernprozeß zur Bewältigung seiner Probleme oder den Erwerb von Fähigkeiten, mit ihnen umgehen zu können, so daß sie sich nicht mehr destruktiv auswirken, muß vom Besucher zugestanden werden. Dieser Zeitraum beläuft sich nach aller Erfahrung auf etwa zwölf Einzelsitzungen von je einer bis eineinhalb Stunden.

Die Arbeit in der *Philosophischen Praxis* zeigt ganz deutlich den unmittelbaren und realisierten Zusammenhang zwischen der Philosophie als theoretischer und als praktischer Wissenschaft, die nicht um ihrer selbst willen, sondern im konkreten Lebensbezug betrieben wird. Dabei dürfte klargeworden sein, daß dies nur *eine* von vielen Möglichkeiten des Philosophierens ist.

Es ist also berechtigt, zu sagen, daß diejenigen, die sich ernsthaft mit der Philosophie beschäftigen, einen wirklichen und lohnenden Zugewinn für sich selbst erwarten dürfen.

Abschließend möchte ich noch als Zukunftsprognose die Aussage wagen, daß die *Philosophischen Praxen* sehr wahrscheinlich zahlenmäßig noch erheblich zunehmen werden und ihre Bedeutung und ihre Anerkennung in unserer Gesellschaft eine erhebliche Steigerung erfahren werden, weil die gesellschaftlichen Entwicklungen das Bedürfnis nach philosophischer Auseinandersetzung ebenso wie den Bedarf nach philosophischen Einrichtungen wesentlich erhöhen werden.

Um dies zu verdeutlichen: In der Vergangenheit erfuhren die Naturwissenschaften an den Hochschulen und anderen Bildungseinrichtungen unseres Landes eine überproportionale Förderung, während die Geisteswissenschaften – und hier besonders die Philosophie – stiefmütterlich behandelt wurden. In jüngster Vergangenheit aber wird hier ein Sinneswandel zugunsten der Geisteswissenschaften erkennbar, der auch mit der allgemeinen Aufwertung der Philosophie einhergeht, die meines

Erachtens festzustellen ist. Hier steht offenbar der Gedanke Pate, daß nicht in erster Linie der hervorragend ausgebildete Spezialist wünschenswert ist, sondern daß dem allseitig und humanistisch gebildeten Menschen der Vorzug zu geben ist. Des weiteren setzt sich die Einsicht durch, daß die Qualitäten und Werte, die die Geisteswissenschaften vermitteln, entscheidend zum Menschen dazugehören, ihn wesensmäßig formen und für Individuum und Gesellschaft unverzichtbar sind.

Aus diesem Grunde halte ich es auch für so außerordentlich wichtig, daß möglichst viele Menschen den vorliegenden *Wegen zum selbständigen Denken* folgen und die Welt der Philosophie für möglichst viele geöffnet wird.

11. Schlußwort

Wege zum selbständigen Denken lautet der Untertitel des vorliegenden Buches, und hierin wird die Absicht des Autors in kürzester Form wiedergegeben.

Von Beginn an haben wir darauf hingewiesen, daß dieses Buch in keiner Weise den Anspruch auf Vollständigkeit erhebt, sondern eine Auswahl darstellt, die einen fundierten ersten Einblick in diese so wichtige und interessante Wissenschaft geben soll. Wenn erreicht worden ist, daß Sie, liebe Leser, sich angesprochen und angeregt fühlen, sich weiterführend mit der Philosophie zu befassen, weil Sie Interesse und Freude daran gefunden haben, weil Sie die Beschäftigung mit der Philosophie als lohnend erkannt haben, dann wäre das die schönste Bestätigung, die wir uns wünschen könnten.

Um Ihnen dabei einige Hilfen anzubieten, ist im folgenden Anhang eine Reihe von Werken anerkannter Philosophen aufgeführt, die unter der Überschrift *Primärwerke* zusammengefaßt sind. Dabei ist versucht worden, nach Möglichkeit modernere Ausgaben anzuführen oder zumindest solche, die in Schrift und Sprache nicht veraltet sind, sondern den gegenwärtigen Ansprüchen genügen, ohne von ihrer Originalität etwas einzubüßen. Diese *Primärwerke* sind jeweils den einzelnen Kapiteln und Themen dieses Buches zugeordnet.

Ebenfalls den Kapiteln entsprechend ergänzt eine Liste von *Sekundärliteratur* dieses Angebot. Darunter sind solche Werke zusammengefaßt, in denen sich Autoren (Philosophen und/oder Kritiker) mit den jeweiligen Theorien der genannten Philosophen auseinandersetzen, sie erläutern oder ergänzen. Auch Bücher über das Leben und Wirken der erwähnten Philosophen (Biographien) gehören zu dieser Gruppe der *Sekundärliteratur.*

Wir haben uns bemüht, diese Schriften nach ihrer Verständlichkeit einzuordnen und kenntlich zu machen. So sind Werke, die relativ leicht zu lesen und zu verstehen sind und keine oder geringe Vorkenntnisse voraussetzen, mit einem **L** gekennzeichnet. Demgegenüber sind solche Schriften, die erweiterte Kenntnisse verlangen und einen erhöhten Schwierigkeitsgrad aufweisen, mit einem **S** kenntlich gemacht. Der Leser sollte im eigenen Interesse einerseits nicht zu schnell vorgehen, um eine Überforderung zu vermeiden, andererseits möchte ich dazu ermuntern, sich ruhig einmal selbst zu fordern, solange dies nicht zu Frustrationen führt. Doch hoffe ich, daß diese Gefahr und damit eine Abkehr von der Philosophie jetzt, nachdem Sie sich so weit vorgearbeitet haben, ohnehin nicht mehr besteht.

Am Schluß dieses Buches findet sich ein *Glossar,* in dem philosophische Begriffe erklärt sind. Sie sollten sich nicht scheuen, liebe Leser, mit zunehmenden Kenntnissen in der Philosophie diese Begriffe auch zu verwenden. Vor allem deshalb, weil man sie in der Fachliteratur immer wieder findet und in Diskussionen hört. Je weiter man das Anfängerstadium hinter sich gelassen hat, um so mehr sollte man den Mut haben, ruhig diese Fachausdrücke zu benutzen. Lediglich im Umgang mit Neulingen auf dem philosophischen Parkett sollte man sich an die eigenen ersten Schritte erinnern und nicht durch zu intensiven Gebrauch dieser Begriffe abschrecken, um nicht den Eindruck der Zugehörigkeit zu einem illustren Kreis zu erwecken.

Wir haben im Verlauf unserer Erörterungen gesehen,

daß die Philosophie in ihren Aufgabenfeldern nahezu unbegrenzt ist und daß es wohl keinen Bereich des menschlichen Lebens gibt, mit dem sie nichts zu tun hätte oder in dem sie nicht wirksam wäre. Wir haben auch gelernt, daß es lohnt, zu fragen und sich nicht mit dem zufriedenzugeben, was wir vorfinden und was »schon immer so war«. Dieses Merkmal macht Gedanken, Theorien und Sachverhalte noch lange nicht richtig und geeignet für die Gegenwart oder gar die Zukunft. Dies muß mit allem Respekt vor dem Tradierten und Überlieferten gesagt werden. Ebenso deutlich ist aber darauf hinzuweisen, daß das Neue noch lange nicht immer das Gute darstellt und die Lösung von Problemen automatisch mit sich bringt. Hier einen geschulten Blick zu bekommen und ein ausgewogenes Maß an Empfindsamkeit zu gewinnen, sollte jemandem, der wirklich verstanden hat, worum es in der Philosophie geht, möglich sein.

Wenn ich dies sage, dann denke ich an einen ganz bestimmten philosophischen Bereich, der mir aufgrund der brennenden Probleme besonderes Kopfzerbrechen und besondere Sorgen bereitet: die *Ethik*. Und zwar deshalb, weil sie wie keine andere philosophische Disziplin mit dem praktischen Handeln des Menschen verbunden ist und in einem schicksalhaften Zusammenhang mit der Existenz nicht nur der menschlichen, sondern *aller* Lebensformen auf der Erde steht (siehe Kapitel: *»Dürfen wir, was wir können [werden]?«)*. Ich meine, wir müssen unseren Blick in die Zukunft richten und erkennen, daß es nur ein einziges *Prinzip* geben kann, das uns und allen nachfolgenden Generationen überhaupt die Chance des Seins erhält bzw. ermöglicht; und das ist das *Prinzip der Selbstbeschränkung*.

Hier sehe ich die dringendsten und vorrangigsten Aufgaben einer Philosophie, die heute nicht mehr von Größen wie Macht zu trennen ist, die das Bemühen um Bewußtseinsveränderung zu verwirklichen hat und es sich nicht mehr leisten kann, Theorien zu bilden, die nicht mit diesem zwingend notwendigen Ziel übereinstimmen.

Zu lange hat man über weite Strecken der Menschheitsgeschichte und auch der Geschichte der Philosophie den direkten Weg nicht mehr erkannt, weil er durch menschliches Verschulden im Nebel des Spekulierens und Theoretisierens oft verlorenging. Dieser Fehler darf nicht noch einmal gemacht werden, denn in der Philosophie sehe ich *die* Hoffnung für uns alle.

Aus diesem Grund kann die Zahl derer, die sich ernsthaft mit der Philosophie befassen und sich um sie bemühen, weil sie ihren Ruf gehört und verstanden haben, nie groß genug sein. Unser Zeitalter wird als das der Ideologien bezeichnet. Sorgen wir dafür, daß diese nicht auf höchst gefährliche Weise miteinander konkurrieren im Anspruch auf Alleingültigkeit und zerstörerisch wirken, sondern sorgen wir vielmehr dafür, daß diese Weltanschauungen unter der Vorgabe von *Ethik* und *philosophischer Anthropologie* zu einem Miteinander führen, das Raum und Möglichkeit für unterschiedliche Auffassungen gibt, die durchaus bestehen dürfen, ja sogar bestehen sollen! Denn schließlich muß individuelles Denken nicht nur erlaubt, sondern sogar geboten sein. Die genannten Weltanschauungen müssen jedoch von einer Gemeinsamkeit getragen sein: der Achtung vor dem Leben und dem Wissen um die grundsätzliche Möglichkeit, Fehler zu begehen und sie auch korrigieren zu dürfen. Ich denke, daß es unter dieser Voraussetzung denkbar wäre, daß Intoleranz und Destruktivität der verschiedensten Art auf ein menschenmögliches Minimum reduziert werden könnten.

Und das wäre doch immerhin eine Perspektive!

Anhang

Verzeichnis der verwendeten Literatur-Primärwerke

Zu 2: Ursprung und Wesen der Philosophie

COMTE, AUGUSTE, *Die Soziologie,* Die positive Philosophie im Auszug, Hrsg. F Blaschke, Kröner, Stuttgart, 1974.

DESCARTES, RENÉ, *Abhandlung über die Methode,* Hrsg. A. Buchenau, 4. Auflage, Meiner, Hamburg, 1957.

JASPERS, KARL, *Einführung in die Philosophie,* Piper, München, 20. Auflage, 1980.

SCHELER, MAX, *Die Stellung des Menschen im Kosmos,* Francke, München, 1978.

Zu 3: Vier große Bereiche in der Philosophie

KANT, IMMANUEL, *Vorlesungen zur Logik,* Akademieausgabe IX, de Gruyter, Berlin, 1968.

Zu 5: Probleme von Erkenntnis und Wahrheit

AQUIN, THOMAS VON, *Summa theologica,* Bd. 1, Salzburg, 1933.

HUME, DAVID, *Eine Untersuchung über den menschlichen Verstand,* Übers. v. R. Richter, Phil. Bibl., 11. Auflage, Meiner, Hamburg, 1984.

LOCKE, JOHN, *Versuch über den menschlichen Verstand,* Phil. Bibl., 4. Auflage, Meiner, Hamburg, 1981.

PLATON *Der Staat,* Reclam, Stuttgart, 1957.
Klassische Dialoge, Phaidon, Symposion, Phaidros, dtv, München, 1975.

RUSSELL, BERTRAND, *Probleme der Philosophie,* Suhrkamp, Bd. 207, Frankfurt/Main, 1976.

Zu 6: Überlegungen zu Moral und Ethik

ANZENBACHER, ARNO, *Einführung in die Philosophie,* Herder, Wien, 1981.

FREUD, SIGMUND, *Abriß der Psychoanalyse / Das Unbehagen in der Kultur,* Fischer, Frankfurt/Main, 1953.

KANT, IMMANUEL, *Grundlegung zur Metaphysik der Sitten,* Meiner, Hamburg, 1957.
MILL, JOHN STUART, *Der Utilitarismus,* Reclam, Stuttgart, 1976.
NIETZSCHE, FRIEDRICH, *Götzen-Dämmerung,* Hanser, München, 1956.
SARTRE, JEAN PAUL, *Ist der Existentialismus ein Humanismus?,* in: Drei Essays, Ullstein, Frankfurt/Main, 1986.
SCHOPENHAUER, ARTHUR, *Die beiden Grundprobleme der Ethik,* in: Sämtliche Werke, Bd. III, Darmstadt, 1968.

Zu 7: Dürfen wir, was wir können (werden)?

GOETHE, J. WOLFGANG, *Faust,* dtv, München, 1987.
JONAS, HANS, *Das Prinzip Verantwortung,* Insel, Frankfurt/Main, 1979.
KIPPHARDT, HEINAR, *In der Sache J. R. Oppenheimer,* Suhrkamp, Frankfurt/Main, 1964.

Zu 8: Fragen zur menschlichen Existenz – Was dürfen wir hoffen?

Handbuch philosophischer Grundbegriffe, Bd. 5, H. Krings u. a. (Hrsg.), Kösel, München, 1974.
HEIDEGGER, MARTIN, *Sein und Zeit,* Niemeyer, Tübingen, 1967.
LEIBNIZ, GOTTFRIED WILHELM, *Metaphysische Abhandlungen,* in: Leibniz – die Hauptwerke, Kröner, Stuttgart, 1967.
NIETZSCHE, FRIEDRICH, *Götzen-Dämmerung,* Hanser, München, 1956.
REUTTERER, ALOIS, *Philosophie,* Deuticke, Wien, 1982.
SARTRE, JEAN PAUL, *Ist der Existentialismus ein Humanismus?,* in: Drei Essays, Ullstein, Frankfurt/Main, 1986.

Zu 9: Was ist der Mensch?

DARWIN, CHARLES, *Die Entstehung der Arten,* Reclam, Stuttgart, 1963.
HEIDEGGER, MARTIN, *Sein und Zeit,* Niemeyer, Tübingen, 1967.
HOBBES, THOMAS, *Leviathan,* Ullstein, Frankfurt/Main, 1976.
LOCKE, JOHN, *Zwei Abhandlungen über die Regierung,* Europ. Verlagsanstalt, Frankfurt/Main, 1967.
MARX, KARL, *Das Kapital,* Ullstein, Frankfurt/Main, 1976.

Zur Kritik der Politischen Ökonomie, Hrsg. K. Kautsky, 3. Auflage, Dietz, Stuttgart, 1909.
SCHELER, MAX, *Die Stellung des Menschen im Kosmos,* Francke, München, 1978.

Hinweise auf Literatur zur weiteren Beschäftigung – Sekundärliteratur

Philosophische Wörterbücher

Meyers kleines Lexikon – Philosophie, Meyer, Mannheim, Wien, Zürich, 1987.
MÜLLER, M., Hrsg., *Kleines philosophisches Wörterbuch,* Herder, Freiburg, Basel, Wien, 1971.
SCHISCHKOFF, G., Hrsg., *Philosophisches Wörterbuch,* Kröner, Stuttgart, 1965.

Zur Philosophiegeschichte

HIRSCHBERGER, J., *Kleine Philosophiegeschichte,* Herder, Freiburg, Basel, Wien, 1971.
HÖFFE, O. E., Hrsg., *Klassiker der Philosophie,* Band I/II, Beck, München, 1981.
MAIER, H., *Klassiker des politischen Denkens,* Band I/II, Beck, München, 1982.
ORTHBAND, E., *Geschichte der großen Philosophen,* Dausien, Hanau, 1974.
STÖRIG, H. J., *Kleine Weltgeschichte der Philosophie,* Band I/II, Fischer, Frankfurt/Main, 1974.

Zu 1–4:

L ANZENBACHER, A., *Einführung in die Philosophie,* Herder, Freiburg, Basel, Wien, 1981.
L BOCHENSKI, J. M., *Wege zum philosopischen Denken,* Herder, Freiburg, Basel, Wien, 1984.

L HERSCH, J., *Das philosophische Staunen,* Piper, München, 1981.

S JASPERS, K., *Was ist Philosophie,* dtv, München, 1980.

S PIPER, K., *Lust am Denken,* Piper, München, 1981.

S SCHADEWALDT, W., *Die Anfänge der Philosophie bei den Griechen,* Suhrkamp, Frankfurt/Main, 1979.

L WEISCHEDEL, W., *Die philosophische Hintertreppe,* 34 große Philosophen in Alltag und Denken, Nymphenburger Verlag, München, 1982.

S *Kleine Schule des philosophischen Denkens,* Piper, München, 1974.

S *Einführung in die Philosophie,* Piper, München, 1980.

Zu 5:

L ARISTOTELES, *Metaphysik,* Kröner, Stuttgart, 1977.

S CASSIRER, E., *Philosophie und exakte Wissenschaft,* Frankfurt/Main, 1969.

L DESCARTES, RENÉ, *Meditationen,* Stuttgart, 1971.

S HEIDEGGER, M., *Vom Wesen der Wahrheit,* Frankfurt/Main, 1947.

S HUSSERL, E., *Philosophie als strenge Wissenschaft,* Frankfurt/Main, 1965.

S KANT, I., *Kritik der reinen Vernunft,* Reclam, Stuttgart, 1985.
Kritik der Urteilskraft, Reclam, Stuttgart, 1986.
Träume eines Geistersehers, Reclam, Stuttgart, 1987.

S LEIBNIZ, G. W., *Metaphysische Abhandlung,* Meiner, Hamburg, 1958.
Monadologie, in: Die Hauptwerke, Kröner, Stuttgart, 1967.

S POPPER, SIR KARL, *Falsche Propheten,* Bern, 1958.
Objektive Erkenntnis, Hamburg, 1973.

S RUSSELL, B., *Das menschliche Wissen,* Darmstadt, 1950.

L RYLE, G., *Der Begriff des Geistes,* Reclam, Stuttgart, 1969.

Zu 6 und 7:

L APEL, K. O., *Transformation der Philosophie,* Suhrkamp, Frankfurt/Main, 1973.

S ARISTOTELES, *Nikomachische Ethik,* Fischer, Frankfurt/Main, 1957.

L BIRNBACHER, DIETER, *Verantwortung für zukünftige Generationen,* Reclam, Stuttgart, 1988.

L Eibl-Eibesfeld, Irenäus, *Der vorprogrammierte Mensch,* dtv, München, 1976.

L Epikur, *Von der Überwindung der Furcht,* Artemis, Zürich, 1949.

L Frankena, W. K. *Analytische Ethik,* Eine Einführung, dtv, München, 1972.

S Hare, R. M., *Freiheit und Vernunft,* Patmos, Düsseldorf, 1973.

S Hartmann, N., *Ethik,* de Gruyter, Berlin, 1949.

L Höffe, O. E., (Hrsg.), *Einführung in die utilitaristische Ethik,* Beck, München, 1975.

L Jonas, H., *Technik, Medizin und Ethik,* Insel, Frankfurt/Main, 1987.

Macht oder Ohnmacht der Subjektivität, Insel, Frankfurt/Main, 1981.

Zwischen Nichts und Ewigkeit, Vandenhoeck u. Ruprecht, Göttingen, 1987.

L Jonas, H. und Mieth, D., *Was für morgen lebenswichtig ist,* Herder, Freiburg, 1987.

S Kant, I., *Kritik der praktischen Vernunft,* Reclam, Stuttgart, 1986.

L Mohr, H., *Möglichkeiten und Grenzen der Zukunftsforschung,* Herder, Freiburg, 1970.

S Moore, G. E., *Principia ethica,* Reclam, Stuttgart, 1970.

L Patzig, G., *Ethik ohne Metaphysik,* Vandenhoeck u. Ruprecht, Göttingen, 1971.

L Piaget, J., *Das moralische Urteil beim Kinde,* Suhrkamp, Frankfurt/Main, 1973.

S Pieper, Annemarie, *Ethik und Moral,* Beck, München, 1985.

S Russell, B., *Moral und Politik,* Nymphenburger Verlag, München, 1972.

S Schulz, W., *Philosophie in der veränderten Welt,* Neske, Pfullingen, 1974.

S Stegmüller, W., *Hauptströmungen der Gegenwartsphilosophie,* Kröner, Stuttgart, 1956.

L Ströker, Elisabeth, *Einführung in die Wissenschaftstheorie,* Wissenschaftliche Buchgesellschaft, Darmstadt, 1973.

L Warnock, G. J., *Englische Philosophie im 20. Jahrhundert,* Reclam, Stuttgart, 1971.

L von Weizsäcker, C. F., *Die Tragweite der Wissenschaft,* Hirzel, Stuttgart, 1964.

Zu 8:

S HARTMANN, N., *Sinngebung und Sinnerfüllung,* Berlin, 1962.
L KOLAKOWSKI, L., *Der Mensch ohne Alternative,* München, 1967.
L MACHOVEČ, M., *Vom Sinn des menschlichen Lebens,* Rombach, Freiburg, 1971.
S MARCUSE, H., *Triebstruktur und Gesellschaft,* Suhrkamp, Frankfurt/Main, 1970.
L REINER, H., *Der Sinn unseres Daseins,* Tübingen, 1960.

Zu 9:

L BLOCH, E., *Das Prinzip Hoffnung,* Frankfurt/Main, 1970.
L BROCHER, T., *Sind wir verrückt?,* Kreuz, Stuttgart, 1973.
L CORETH, E., *Was ist der Mensch?* – Grundzüge einer philosophischen Anthropologie, Tyrolia, Innsbruck, 1976.
S ECCLES, SIR JOHN/ ZEIER, HANS, *Gehirn und Geist,* Kindler, München, 1980.
L GEHLEN, A., *Der Mensch,* Athenaion, Wiesbaden, 1976.
Anthropologische Forschung, Rowohlt, Reinbek, 1971.
S LANDMANN, M., *Philosophische Anthropologie,* de Gruyter, Berlin, 1969.
L LÖWITH, K., *Gesammelte Abhandlungen,* Zur Kritik der geschichtlichen Existenz, Kohlhammer, Stuttgart, 1969.
S MEAD, G. H., *Geist, Identität und Gesellschaft,* Suhrkamp, Frankfurt/Main, 1968.
L PLESSNER, H., *Philosophische Anthropologie,* Suhrkamp, Frankfurt/Main, 1970.

An Werken über das Leben einer ganzen Reihe von Philosophen kann die Reihe »rowohlts bild-Monographien« von Rowohlt, Reinbek, empfohlen werden.

Kurzbiographische Angaben zu genannten Philosophen

AQUIN, THOMAS VON
1225–1274, Dominikanermönch; bedeutendster Philosoph und Theologe des Hochmittelalters. Er verbindet die gesamte christliche Tradition mit den neu aufkommenden Lehren des Aristoteles zu einer Einheit. Er wird als Kirchenlehrer verehrt.

COMTE, AUGUSTE
1798–1857, französischer Philosoph und Soziologe. Er geht aus von der durch ihn so benannten »Soziologie«, die die menschliche Gesellschaft erforscht und den Abschluß der Entwicklung des Menschen bildet. Comte vertritt den typischen Fortschrittsglauben seiner Zeit.

DESCARTES, RENÉ
1596–1650, französischer Philosoph, zweifelte in seiner Suche nach Wahrheit an allem; unbezweifelbar blieb nur die Tatsache des Zweifelns (Denkens) selber. Seine Folgerung: »Ich denke, also bin ich.«

HEIDEGGER, MARTIN
1889–1976, deutscher Philosoph und Mitbegründer der modernen Existenzphilosophie. Er setzte sich vor allem mit der Analyse des menschlichen Daseins auseinander; eigenwilliger Sprachgebrauch, der zu Schwierigkeiten im Verständnis seiner Schriften führt.

HOBBES, THOMAS
1588–1679, englischer Philosoph und Staatsmann; besonders bekannt durch seine Staatslehre, nach der der Staat die Überwindung des Naturzustandes (»Kampf aller gegen alle«) darstellt.

HUME, DAVID
1711–1776, englischer Philosoph, Historiker und Diplomat; bedeutendster Denker der englischen Aufklärung und Mitbegründer des Empirismus.

JASPERS, KARL
1883–1969, deutscher Philosoph, nach Heidegger im deutschsprachigen Raum der bedeutendste Vertreter der Existenzphilosophie.

Jonas, Hans
geb. 1903, deutscher Philosoph, emigrierte in die USA, arbeitet über philosophische Probleme der Naturwissenschaften und entwickelte sich zu einem der bedeutendsten Ethiker der Gegenwart.

Kant, Immanuel
1724–1804, deutscher Philosoph; einer der bedeutendsten Denker, der sich mit Erkenntnistheorie, Ethik und Anthropologie beschäftigte. Seine Schriften gelten als ausgesprochen inhaltsschwer.

Locke, John
1632–1704, englischer Philosoph, Staatsmann und Arzt, Hauptvertreter und Mitbegründer des Empirismus. Als Staatstheoretiker vertrat er die Forderung nach gleichem Recht für alle.

Marx, Karl
1818–1883, deutscher Philosoph; war tätig als Journalist, Nationalökonom und Politiker. Emigrierte nach England, Mitbegründer der Kommunistischen Partei.

Mill, John Stuart
1806–1873, englischer Philosoph und Sozialökonom. Er vertrat den methodischen Unterschied zwischen Geistes- und Naturwissenschaften, arbeitete entscheidend die ethische Richtung des Utilitarismus aus.

Nietzsche, Friedrich Wilhelm
1844–1900, deutscher Philosoph, war stark beeinflußt von Arthur Schopenhauer und Richard Wagner, wurde 1889 geisteskrank; wandte sich in seiner Philosophie von der klassischen Metaphysik, der christlichen Tradition und der bürgerlichen Moral ab. Sein Idealbild war der Übermensch.

Platon
427–347v. Chr., griechischer Philosoph und Schüler des Sokrates. Er ist der Begründer des Idealismus (Zwei-Weltentheorie), der Logik und der Metaphysik. Seine Schriften sind fast sämtlich in Dialogform verfaßt.

Russell, Bertrand
1872–1970, englischer Logiker, Mathematiker und Philosoph. Er vertrat in seiner Erkenntnistheorie den positivistischen Ansatz.

Sartre, Jean Paul
1905–1980, französischer Philosoph, Mitbegründer des französi-

schen Existentialismus, von Heidegger beeinflußt, auch Dramatiker und Erzähler. Gegen Ende seines Lebens erfolgte seine Hinwendung zum Marxismus.

SCHELER, MAX
1874–1928, deutscher Philosoph, Begründer der philosophischen Anthropologie.

SCHOPENHAUER, ARTHUR
1788–1860, deutscher Philosoph, setzte sich unter anderem besonders mit der Ethik und der Frage der Willensfreiheit auseinander.

SOKRATES
470–399 v. Chr., griechischer Philosoph, hat die Wahrheit der Sittlichkeit über alles gestellt, Begründer der klassischen Epoche der griechischen Philosophie, Lehrer Platons. Hat keine schriftliche Zeile hinterlassen, seine Lehre ist durch seine Schüler übermittelt.

Glossar

Affekt	Gefühlsäußerung, Gemütsbewegung; oft unkontrolliert
Ambivalenz	Zweideutigkeit; Zwiespältigkeit
Anthropologie	die Lehre vom Menschen
anthropozentrisch	bezogen auf den Menschen als Mittelpunkt
antizipieren	vorwegnehmen
a priori	von vornherein; von jeder Erfahrung unabhängig
Atheismus	Leugnung der Existenz eines Gottes
Autonomie	Eigenständigkeit; der Handelnde selbst bestimmt
demonstrativ	durch einen Beweis einleuchtend gemacht
Determinante	eine bestimmende Größe
Dialektik	eine Gegensätzlichkeit, die dazu veranlaßt, nach einer höheren Einheit der Gegensätze zu suchen; ursprünglich ist es die Kunst der Gesprächsführung; das Denken in der Reihenfolge: These – Antithese – Synthese
differenziert	aufgegliedert in die unterschiedlichen Teile; unterschieden
Diskrepanz	Unstimmigkeit
Diskurs	eine philosophische Diskussion, deren Ziel allein die Suche nach der Wahrheit ist
Disziplin	ein Teilbereich einer Wissenschaft
dogmatisch	keinen Widerspruch duldend, streng an eine Lehre oder Feststellung gebunden
Doktrin	eine verbindliche Lehre
Effizienz	Wirksamkeit
Empirismus	philosophische Richtung, die als einzige Erkenntnisquelle die Sinneserfahrung anerkennt
Evidenz	Offensichtlichkeit
Evolution	eine allmähliche stammesgeschichtliche Entwicklung
faktisch	tatsächlich, auf Tatsachen beruhend
fatal	vom Schicksal bestimmt
fiktiv	erdacht, in Wirklichkeit nicht existierend
global	weltweit
human	menschlich
Imperativ	moralische Forderung, Befehlsform

implizit	indirekt, in eine Aussage mit eingeschlossen
interpersonal	zwischen zwei oder mehreren Personen bestehend
intuitiv	auf einer Eingebung, einer inneren Stimme beruhend, dem Verstand unmittelbar einleuchtend
irrational	nicht mit dem Verstand erfaßbar
kategorisch	unbedingt, ohne Frage
Kohärenz	Zusammenhang
Konsens	Übereinstimmung
konstitutiv	das, was eine Sache wesentlich ausmacht
Kontext	Zusammenhang (meist auf einen Text bezogen)
Metaphysik	in der Philosophie die Disziplin, die über die unmittelbare Erfahrung hinausgeht und sich mit Fragen des Seienden der Welt und des Menschen befaßt
modifizieren	abändern
Ontologie	in der Philosophie die Lehre vom Sein
partiell	teilweise
pragmatisch	auf das Praktische und Nützliche gerichtet
psychogenetisch	der Teil der Psychologie, der an der Entwicklung von Sachverhalten und ihren Ursprüngen interessiert ist
rational	den Verstand betreffend
realisieren	verwirklichen
Reflexion	das Nachdenken
Rezeptivität	die Aufnahmefähigkeit des Menschen
Subjekt	das Ich, das mit dem erkennenden Bewußtsein und mit dem Selbstbewußtsein ausgestattet ist
Sublimation	die Umsetzung von unbefriedigter Triebenergie insbesondere in geistige oder kulturelle Leistung
tabula rasa	Begriff in der Philosophie (Erkenntnislehre), der den Menschen als unbeschriebene Tafel versteht, nichts ist im Bewußtsein von Geburt an beinhaltet
transzendent	die menschliche Erfahrung und damit die Möglichkeit eines Beweises übersteigend
Transzendenz	die Grenzen der Erfahrung und des Beweises Überschreitendes
trivial	alltäglich, ohne nennenswerte Bedeutung
universal	allgemeingültig